农产品质量安全系列丛书

# 国内外葡萄质量安全限量标准比对研究

GUONEIWAI PUTAO ZHILIANG ANQUAN XIANLIANG BIAOZHUN BIDUI YANJIU

孙彩霞　王　强　主编

中国农业出版社
北　京

# 编者名单

主　　编　孙彩霞　王　强

副 主 编　赵学平　戴　芬

参编人员　（按姓氏笔画排序）

于国光　吕　捷　苍　涛　李　真

李艳杰　吴声敢　陈莉莉　郑蔚然

胡心意　姜　遥　姚佳蓉　徐明飞

# 序 XU

“南有樛木，葛藟累之；乐只君子，福履绥之。”（《诗·周南·樛木》）。“藟”意即野葡萄类，作为喜庆场合的引用，可见葡萄自古以来就深受人们的喜爱。随着社会的发展，人们对葡萄需求量的增加，葡萄产业也得到了快速发展。据农业部统计资料显示，截至2016年底，我国葡萄栽培总面积为80.96万$hm^2$，居世界第二位，仅次于西班牙；产量达1 374.5万t，自2010年后已跃居世界葡萄产量的第一位。与国内其他水果产量相比，次于苹果、柑橘、梨和桃，位居第五。葡萄总产量占全国果品总产量（18 119.3万t）的7.59%。葡萄种植面积、产量、产值连年增长，为农民增收和区域经济发展作出了巨大贡献。

随着葡萄栽培的大面积推广，葡萄产量的快速提升，种植户为求高产，不规范使用化肥、农药等现象时有发生，葡萄质量安全问题也越来越引起人们的关注。综观我国葡萄产业，尚缺乏完善的标准体系。而产业标准体系的完善与否是衡量产业能否健康持续发展的重要标尺，同时也能从侧面折射出一个国家或地区社会管理水平、法制建设能力和人民生活质量的高低。

本书共收集整理了9个国家（地区、国际组织）中葡萄农药残留限量标准，并进行了比对研究：一是选择了对国际农药残留限量标准有影响的国家，如欧盟国家、日本、美国；二是参考了与我国内地农产品及葡萄贸易交易比较频繁的国家和地区，如澳大利亚和新西兰（澳新）、韩国及中国香港特区和中国台湾省等；三是重点考虑了对国际农产品贸易起准绳作用的国际食品法典委员会(CAC)。此外，本书还收集整理了5个国家（地区、国际组织）中葡萄重金属和污染物限量标准，并进行了比对研究。同时，本书还收集了国内外葡萄生产和贸易情况、国内外葡萄等级规格和生产技术规程标准、中国葡萄酒质量安全与产品标准等标准文本，内容全面，是我国葡萄产业在标准研究领域的首创。

本书可为从事葡萄产业的科研人员、生产企业、监管人员等提供技术借鉴；为媒体朋友和消费者认识葡萄产业的质量安全状况提供参考。

本书紧密联系实际，对国内外葡萄安全限量标准做了一个比较全面的总结和梳理，对指导葡萄产业的标准化生产，深入开展葡萄产业标准化工作，提升我国葡萄产业标准体系的整体水平，都将起到积极的推动作用。

中国农业科学院农业质量标准与检测技术研究所所长

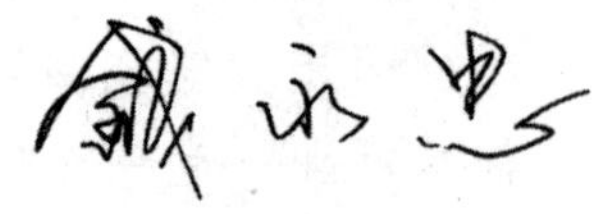

2018年4月

# 目　录 MULU

# 1 国内外葡萄农药残留限量标准

作为植物源产品，农药残留是影响葡萄质量安全的重要因素，也是影响我国葡萄出口的主要技术性贸易措施。国际农产品贸易中，欧盟、日本、美国是质量安全的领跑者，他们凭借自身先进的科学技术和在农药残留限量管理及风险评估方面的先进经验，制定了详细的农药残留限量标准。国际食品法典委员会（CAC）在国际贸易中的准绳作用，制定的农药残留限量标准对指导国际农产品贸易起到了积极的推动作用。为了解国内外葡萄农药残留限量标准的情况，我们共计收集整理了 9 个国家/地区和国际组织中葡萄农药残留限量标准，并进行了比对研究：一是对国际农药残留限量标准有影响的国家，如欧盟国家、日本、美国；二是与我国内地农产品及葡萄贸易交易比较频繁的国家和地区，如澳大利亚和新西兰（澳新）、韩国及中国香港特区和中国台湾省等；三是重点考虑对国际农产品贸易起准绳作用的 CAC。

## 1.1 国内外农药管理概述

### 1.1.1 国内外葡萄农药残留限量标准汇总

综上所述，对国内外葡萄农药残留限量标准的数量对比，宽严情况对照进行汇总，结果见表 1。

与《食品安全国家标准　食品中农药最大残留限量》（GB 2763—2016）相比，农药残留限量标准数量最多的是欧盟，其次是日本和韩国。欧盟和日本都是农产品进口主导国家，反映了对进口农产品质量安全严格管理的措施。我国与 CAC 的农药残留限量一致的农药品种最多。考虑到 CAC 在国际贸易中的准绳作用，我国

**表 1　国内外葡萄农药残留限量标准比对情况汇总表**

| 国家（地区、组织） | 国外农药残留限量总数（项） | 仅中国有规定的农药数量（种） | 中、外均有规定的农药数量（种） | 仅国外有规定的农药数量（种） | 中、外均有规定的农药 | | |
|---|---|---|---|---|---|---|---|
| | | | | | 比国外严格的农药数量（种） | 与国外一致的农药数量（种） | 比国外宽松的农药数量（种） |
| CAC | 98 | 63 | 55 | 41 | 9 | 39 | 7 |
| 欧盟 | 469 | 23 | 97 | 372 | 19 | 19 | 59 |
| 美国 | 93 | 91 | 29 | 64 | 21 | 5 | 3 |
| 澳新 | 113 | 107 | 13 | 100 | 4 | 4 | 5 |
| 日本 | 312 | 45 | 75 | 237 | 39 | 24 | 12 |
| 韩国 | 220 | 41 | 79 | 141 | 29 | 25 | 25 |

在农药残留国家标准制（修）订中积极采纳国际标准。此外，中国香港特区制定的葡萄中的农药最大残留限量有 148 项。与中国内地制定的 120 项农药残留限量标准比较，其中 51 种农药仅为内地制定，79 种农药仅为香港特区制定。两者均有农药残留限量规定的农药有 69 种，其中 54 种农药残留限量标准一致，14 种农药残留限量标准为内地的规定比较严格，1 种为内地的农药残留限量标准宽松。中国台湾省制定的葡萄中的农药最大残留限量有 54 项。与中国大陆制定的 120 项农药残留限量标准比较，其中 97 种农药仅为大陆制定，31 种农药仅为台湾省制定。两者均有农药残留限量规定的农药有 23 种，其中 11 种农药残留限量标准一致，9 种农药残留限量标准为大陆的规定比较严格，3 种为大陆的农药残留限量标准宽松。

### 1.1.2 “一律标准”限值的设定

在目前各国的农产品质量安全标准监管中，除了禁用物质、豁免检查的物质和已经设定最大残留限量的农兽药外，还有一些可能在农产品生产中使用而未纳入管理的药物，日本“肯定列表”制度中称之为“一律标准”，并采用了 0.01 mg/kg 的农药残留限量指标。“一律标准”即日本政府确定的对身体健康不会产生负面影响的限值。“一律标准”以 1.5 μg/（人·d）的毒理学阈值作为计算基准，而确定的限量值为 0.01 mg/kg。该标准将应用于含有肯定列表制度中未制定最大残留限量标准的农业化学品（“农药取缔法”中规定的农药活性原料、“确保饲料安全及品质改善法律”中规定的饲料添加剂及“药事法”中规定的兽药，但不包括日本厚生劳动省指定的豁免物质）的食品。未制定最大农药残留限量标准包括两种情况：①在任何农作物中均未制定 MRLs 最大农药残留限量；②尽管已对某些农作物制定了 MRLs，但没有针对所讨论的农作物制定残留限量。对于日本地方政府执行检测的分析方法检出限高于 0.01 mg/kg 的化合物，将采用 LOD（最低检测限）分析方法。

以 0.01 mg/kg 为“一律标准”的概念最早出现在欧盟，根据 1991 年发布的 91/414/EEC 指令的要求，欧盟于 1993 年 7 月 26 日起对欧盟市场内使用的农药进行重新评估，至 2004 年底已经先后发布了 86 项指令与多项法规，撤销了 503 种植物保护化学品的登记（其中包括 2076/2002/EC 指令中撤销的 330 种化学成分，2004/129/EC 指令中撤销的 96 种活性物质）。欧盟对已撤销登记的产品一律采用了 0.01 mg/kg 的最低检测限（LOD）。欧盟对如何采用 0.01 mg/kg 最低检测限先后发布了多个指令（2003/0052/EC、G/SPS/GEN/557、369/2005 等），欧盟委员会确定了在以下 8 种情况下可以设定 0.01 mg/kg 最低检测限。

（1）没有残留预期，因为该活性物质已经过时和不再使用，尽管非法使用和/或受污染不能排除。

（2）不期望有残留的存在。举例来说，这些残留是有遗传毒性和致癌性的。

（3）因为使用方式而没有残留预期。物质的规范使用不会在收获的作物留下残留。例如，这些物质作为土壤、拌种或者残留物可以迅速降解。

（4）没有残留预期，因为这种物质还没有在特定的作物上使用：特别地，新物质在最初使用的几年仅用在主要的作物（如谷类）上。对于那些没有使用的作物，残留是不预期出现的。随着使用推广，后来作物的 LOD 则必须要重新检查。

（5）没有残留预期，因为在欧盟不再授权使用。在 2003 年，有约400种物质从市场上撤出，其中大多数是由于经济效益方面的原因。这些物质还可能被EC的贸易伙伴使用，残留仍然可能存在于进口产品中。

（6）资料表明，某种物质不再认为是安全的。目前的MRLs则可能是不安全的，尽管更低的水平也可能可以接受。在这种情况下，MRLs就需要降低至安全水平。如果存在GAP出现更低的安全水平，MRL就要降低。若不存在GAP，MRL就暂时设定在LOD直到新的GAP发展起来而引起更低的却是安全的残留水平，这时候MRL就可以重新提高。

（7）当某种物质出于环境或者工人安全考虑而禁止使用时，MRLs也将自然地设定在LOD水平。然而可能存在消费者暴露量水平，另外残留在以下情况也可被接受：①进口产品；②国内的或进口产品，其产地的土壤被污染，植株吸收了土壤中稳定难分解的残留物（如DDT）。在这两种情况下，消费者安全评价是必需的。另外，对于第一种情况，如果评价结果表明允许进口可以保护消费者，个人则不能在WTO规则之下利用MRLs妨碍贸易。对于后一种情况，MRLs将根据定期重新检查的数据来确定。

（8）数据不足。确定MRLs的最小数值不适合物质/作物的结合。

目前，加拿大、新西兰、德国、美国等国家或地区在农产品质量安全管理中也采取了“一律标准”的形式。韩国2015年8月实施的食品农产品法规——《进口食品安全管理特别法》和《农药肯定列表制度》，也将0.01 mg/kg作为“一律标准”。具体情况见表2。

**表2 “一律标准”的情况**

| 国家或地区 | 一律标准 |
|---|---|
| 加拿大 | 0.1 mg/kg（正在修订中） |
| 新西兰 | 0.1 mg/kg |
| 德国 | 0.01 mg/kg |
| 美国 | 无统一限值，但在实际中使用0.01 mg/kg和0.1 mg/kg之间的标准 |
| 欧盟 | 0.01 mg/kg |
| 日本 | 0.01 mg/kg |
| 韩国 | 0.01 mg/kg |

"一律标准"是我国农产品质量安全管理的空白，也是国际发展趋势。我国应考虑在适当时候引入"一律标准"，完善农产品质量标准体系。

## 1.2 中国葡萄农药残留限量标准

中国葡萄的农药残留限量标准主要来源于《食品安全国家标准 食品中农药最大残留限量》(GB 2763—2016)。该标准于2017年6月18日正式实施，按照标准附录中的食品分类，其中关于葡萄的农药残留限量标准主要涉及葡萄、浆果类水果和葡萄干三大类。GB 2763—2016中关于葡萄农药最大残留限量标准见表3，关于葡萄干的农药最大残留限量标准见表4。

**表3 GB 2763—2016中关于葡萄的农药最大残留限量标准**

| 序号 | 英文通用名 | 中文名 | 最大残留限量 | ADI (mg/kg bw) | 2014年限量 | 食品名称 | 是否登记或禁用 |
|---|---|---|---|---|---|---|---|
| 1 | 1 - naphthylacetic acid and sodium 1 - naphthalacitic acid | 萘乙酸和萘乙酸钠 | 0.1 | 0.15 | 无 | 葡萄 | 萘乙酸作为PGR登记 |
| 2 | 2,4 - D and 2,4 - D Na | 2,4-滴和2,4-滴钠盐 | 0.1 | 0.01 | 0.1 | 浆果及其他小型水果 | |
| 3 | acephate | 乙酰甲胺磷 | 0.5 | 0.03 | 0.5 | 浆果和其他小型水果 | |
| 4 | acetamiprid | 啶虫脒 | 2 | 0.07 | 2 | 浆果和其他小型水果 | |
| 5 | aldicarb | 涕灭威 | 0.02 | 0.003 | 0.02 | 浆果和其他小型水果 | 果树禁用 |
| 6 | aldrin | 艾氏剂 | 0.05 | 0.000 1 | 0.05 | 浆果和其他小型水果 | 禁用 |
| 7 | ametoctradin | 唑嘧菌胺 | 2 (T) | 10 | 无 | 葡萄 | 复配登记 |

（续）

| 序号 | 英文通用名 | 中文名 | 最大残留限量 | ADI (mg/kg bw) | 2014年限量 | 食品名称 | 是否登记或禁用 |
|---|---|---|---|---|---|---|---|
| 8 | amitrole | 杀草强 | 0.05 | 0.002 | 0.05 | 葡萄 | |
| 9 | azinphos-methyl | 保棉磷 | 1 | 0.03 | 1 | 葡萄 | |
| 10 | azocyclotin | 三唑锡 | 0.3 | 0.003 | 0.3 | 葡萄 | |
| 11 | azoxystrobin | 嘧菌酯 | 5 | 0.2 | 5 | 葡萄 | 登记 |
| 12 | benalaxyl | 苯霜灵 | 0.3 | 0.07 | 0.3 | 葡萄 | |
| 13 | bifenazate | 联苯肼酯 | 0.7 | 0.01 | 0.7 | 葡萄 | |
| 14 | boscalid | 啶酰菌胺 | 5 | 0.04 | 无 | 葡萄 | 登记 |
| 15 | bromopropylate | 溴螨酯 | 2 | 0.03 | 2 | 葡萄 | |
| 16 | cadusafos | 硫线磷 | 0.02 | 0.000 5 | 无 | 浆果和其他小型水果 | 禁用 |
| 17 | camphechlor | 毒杀芬 | 0.05 (T) | 0.000 25 | 0.05 (T) | 浆果和其他小型水果 | 禁用 |
| 18 | captan | 克菌丹 | 5 | 0.1 | 5 | 葡萄 | 登记 |
| 19 | carbendazim | 多菌灵 | 3 | 0.03 | 3 | 葡萄 | 复配登记 |
| 20 | carbofuran | 克百威 | 0.02 | 0.001 | 0.02 | 浆果和其他小型水果 | 果树禁用 |
| 21 | chlorantraniliprole | 氯虫苯甲酰胺 | 1 (T) | 2 | 1 (T) | 浆果和其他小型水果 | |
| 22 | chlordane | 氯丹 | 0.02 | 0.000 5 | 0.02 | 浆果和其他小型水果 | |
| 23 | chlordimeform | 杀虫脒 | 0.01 | 0.001 | 0.01 (T) | 浆果和其他小型水果 | 禁用 |
| 24 | chlorothalonil | 百菌清 | 0.5 | 0.02 | 0.5 | 葡萄 | 登记 |
| 25 | clofentezine | 四螨嗪 | 2 | 0.02 | 2 | 葡萄 | |
| 26 | coumaphos | 蝇毒磷 | 0.05 | 0.000 3 | 0.05 | 浆果和其他小型水果 | 禁用 |

（续）

| 序号 | 英文通用名 | 中文名 | 最大残留限量 | ADI (mg/kg bw) | 2014 年限量 | 食品名称 | 是否登记或禁用 |
|---|---|---|---|---|---|---|---|
| 27 | cyanamide including salts expressed as cyanamide | 氰胺 | 0.05 (T) | 0.002 | 0.05 (T) | 葡萄 | |
| 28 | cyazofamid | 氰霜唑 | 1 (T) | 0.17 | 1 (T) | 葡萄 | 登记 |
| 29 | cyhalothrin and lambda-cyhalothrin | 氯氟氰菊酯和高效氯氟氰菊酯 | 0.2 | 0.02 | 0.2 | 浆果和其他小型水果 | |
| 30 | cyhexatin | 三环锡 | 0.3 | 0.003 | 0.3 | 葡萄 | |
| 31 | cymoxanil | 霜脲氰 | 0.5 | 0.013 | 0.5 | 葡萄 | 复配登记 |
| 32 | cypermethrin and beta-cypermethrin | 氯氰菊酯和高效氯氰菊酯 | 0.2 | 0.02 | 0.2 | 葡萄 | |
| 33 | cyprodinil | 嘧菌环胺 | 20 | 0.03 | 无 | 葡萄 | 登记 |
| 34 | DDT | 滴滴涕 | 0.05 | 0.01 | 0.05 | 浆果和其他小型水果 | 禁用 |
| 35 | deltamethrin and tralomethrin | 溴氰菊酯和四溴菊酯 | 0.2 | 0.01 | 0.2 | 葡萄 | |
| 36 | demeton | 内吸磷 | 0.02 | 0.000 04 | 0.02 | 浆果和其他小型水果 | 果树禁用 |
| 37 | dichlofluanid | 苯氟磺胺 | 15 | 0.3 | 15 | 葡萄 | |
| 38 | dichlorvos and naled | 敌敌畏和二溴磷 | 0.2 | 0.004 | 0.2 | 浆果和其他小型水果 | |
| 39 | dicloran | 氯硝胺 | 7 | 0.01 | 7 | 葡萄 | |
| 40 | dieldrin | 狄氏剂 | 0.02 | 0.000 1 | 0.02 | 浆果和其他小型水果 | 禁用 |
| 41 | difenoconazole | 苯醚甲环唑 | 0.5 | 0.01 | 无 | 葡萄 | 登记 |

（续）

| 序号 | 英文通用名 | 中文名 | 最大残留限量 | ADI (mg/kg bw) | 2014 年限量 | 食品名称 | 是否登记或禁用 |
|---|---|---|---|---|---|---|---|
| 42 | dimethomorph | 烯酰吗啉 | 5 | 0.2 | 5 | 葡萄 | 登记 |
| 43 | diniconazole | 烯唑醇 | 0.2 | 0.005 | 0.2 | 葡萄 | 登记 |
| 44 | dinocap | 敌螨普 | 0.5 (T) | 0.008 | 0.5 (T) | 葡萄 | |
| 45 | endrin | 异狄氏剂 | 0.05 | 0.000 2 | 0.05 | 浆果和其他小型水果 | |
| 46 | epoxiconazole | 氟环唑 | 0.5 | 0.02 | 无 | 葡萄 | 登记 |
| 47 | ethephon | 乙烯利 | 1 | 0.05 | 1 | 葡萄 | |
| 48 | ethoprophos | 灭线磷 | 0.02 | 0.000 4 | 0.02 | 浆果和其他小型水果 | 果树禁用 |
| 49 | fenamiphos | 苯线磷 | 0.02 | 0.000 8 | 0.02 | 浆果和其他小型水果 | 禁用 |
| 50 | fenarimol | 氯苯嘧啶醇 | 0.3 | 0.01 | 0.3 | 葡萄 | |
| 51 | fenbuconazole | 腈苯唑 | 1 | 0.03 | 1 | 葡萄 | |
| 52 | fenbutatin oxide | 苯丁锡 | 5 | 0.03 | 5 | 葡萄 | |
| 53 | fenhexamid | 环酰菌胺 | 15 (T) | 0.2 | 15 (T) | 葡萄 | |
| 54 | fenitrothion | 杀螟硫磷 | 0.5 (T) | 0.006 | 0.5 (T) | 浆果和其他小型水果 | |
| 55 | fenpropathrin | 甲氰菊酯 | 5 | 0.03 | 5 | 葡萄 | |
| 56 | fenthion | 倍硫磷 | 0.05 | 0.007 | 0.05 | 浆果和其他小型水果 | |
| 57 | fenvalerate and esfenvalerate | 氰戊菊酯和S-氰戊菊酯 | 0.2 | 0.02 | 0.2 | 浆果和其他小型水果 | |
| 58 | fipronil | 氟虫腈 | 0.02 | 0.000 2 | 无 | 浆果和其他小型水果 | 限用 |

（续）

| 序号 | 英文通用名 | 中文名 | 最大残留限量 | ADI (mg/kg bw) | 2014年限量 | 食品名称 | 是否登记或禁用 |
|---|---|---|---|---|---|---|---|
| 59 | flumorph | 氟吗啉 | 5（T） | 0.16 | 5（T） | 葡萄 | 复配登记 |
| 60 | flusilazole | 氟硅唑 | 0.5 | 0.007 | 0.5 | 葡萄 | 登记 |
| 61 | folpet | 灭菌丹 | 10 | 0.1 | 10 | 葡萄 | |
| 62 | fonofos | 地虫硫磷 | 0.01 | 0.002 | 0.01 | 浆果和其他小型水果 | 禁用 |
| 63 | forchlorfenuron | 氯吡脲 | 0.05 | 0.07 | 0.05 | 葡萄 | 登记 |
| 64 | fosetyl－aluminium | 三乙膦酸铝 | 10（T） | 3 | 无 | 葡萄 | 复配登记 |
| 65 | glyphosate | 草甘膦 | 0.1 | 1 | 0.1 | 浆果和其他小型水果 | |
| 66 | haloxyfop | 氟吡甲禾灵 | 0.02 | 0.000 7 | 0.02 | 葡萄 | |
| 67 | heptachlor | 七氯 | 0.01 | 0.000 1 | 0.01 | 浆果和其他小型水果 | |
| 68 | hexachlorocyclohexane（hch） | 六六六(HCH) | 0.05 | 0.005 | 0.05 | 浆果和其他小型水果 | 禁用 |
| 69 | hexaconazole | 己唑醇 | 0.1 | 0.005 | 0.1 | 葡萄 | 登记 |
| 70 | hexythiazox | 噻螨酮 | 1 | 0.03 | 1 | 葡萄 | |
| 71 | imibenconazole | 亚胺唑 | 3（T） | 0.009 8 | 3（T） | 葡萄 | 登记 |
| 72 | iminoctadinetris (albesilate) | 双胍三辛烷基苯磺酸盐 | 1（T） | 0.009 | 1（T） | 葡萄 | 登记 |
| 73 | iprodione | 异菌脲 | 10 | 0.06 | 10 | 葡萄 | 登记 |
| 74 | isazofos | 氯唑磷 | 0.01 | 0.000 05 | 0.01（T） | 浆果和其他小型水果 | 果树禁用 |
| 75 | isocarbophos | 水胺硫磷 | 0.05 | 0.003 | 无 | 浆果和其他小型水果 | 柑橘树禁用 |

（续）

| 序号 | 英文通用名 | 中文名 | 最大残留限量 | ADI (mg/kg bw) | 2014年限量 | 食品名称 | 是否登记或禁用 |
|---|---|---|---|---|---|---|---|
| 76 | isofenphos - methyl | 甲基异柳磷 | 0.01 (T) | 0.003 | 0.01 (T) | 浆果和其他小型水果 | 果树禁用 |
| 77 | malathion (sum of malathion and mala-oxon expressed as malathion) | 马拉硫磷 | 8 | 0.3 | 8 | 葡萄 | |
| 78 | mancozeb | 代森锰锌 | 5 | 0.03 | 5 | 葡萄 | 登记 |
| 79 | mandipropamid | 双炔酰菌胺 | 2 (T) | 0.2 | 2 (T) | 葡萄 | 登记 |
| 80 | metalaxyl and metal-axyl - m | 甲霜灵和精甲霜灵 | 1 | 0.08 | 1 | 葡萄 | 复配登记 |
| 81 | methamidophos | 甲胺磷 | 0.05 | 0.004 | 0.05 | 浆果和其他小型水果 | 禁用 |
| 82 | methidathion | 杀扑磷 | 0.05 | 0.001 | 无 | 浆果和其他小型水果 | |
| 83 | methomyl | 灭多威 | 0.2 | 0.02 | 无 | 浆果和其他小型水果 | |
| 84 | metriam | 代森联 | 5 | 0.03 | 5 | 葡萄 | 登记 |
| 85 | mirex | 灭蚁灵 | 0.01 | 0.000 2 | 0.01 | 浆果和其他小型水果 | |
| 86 | monocrotophos | 久效磷 | 0.03 | 0.000 6 | 0.03 | 浆果和其他小型水果 | 禁用 |
| 87 | myclobutanil | 腈菌唑 | 1 | 0.03 | 1 | 葡萄 | 登记 |
| 88 | omethoate | 氧乐果 | 0.02 | 0.000 3 | 0.02 | 浆果和其他小型水果 | |
| 89 | paraquat | 百草枯 | 0.01 (T) | 0.005 | 0.01 | 浆果及其他小型水果 | 禁用水剂 |

（续）

| 序号 | 英文通用名 | 中文名 | 最大残留限量 | ADI (mg/kg bw) | 2014 年限量 | 食品名称 | 是否登记或禁用 |
|---|---|---|---|---|---|---|---|
| 90 | parathion | 对硫磷 | 0.01 | 0.004 | 0.01 | 浆果和其他小型水果 | 禁用 |
| 91 | parathion - methyl | 甲基对硫磷 | 0.02 | 0.003 | 0.02 | 浆果和其他小型水果 | 禁用 |
| 92 | penconazole | 戊菌唑 | 0.2 | 0.03 | 0.2 | 葡萄 | 登记 |
| 93 | permethrin | 氯菊酯 | 2 | 0.05 | 2 | 葡萄 | |
| 94 | phorate | 甲拌磷 | 0.01 | 0.000 7 | 0.01 | 浆果和其他小型水果 | 果树禁用 |
| 95 | phosfolan | 硫环磷 | 0.03 | 0.005 | 0.03 (T) | 浆果和其他小型水果 | 果树禁用 |
| 96 | phosfolan - methyl | 甲基硫环磷 | 0.03 (T) | 标准中没有规定 | 0.03 (T) | 浆果和其他小型水果 | 禁用 |
| 97 | phosmet | 亚胺硫磷 | 10 | 0.01 | 10 | 葡萄 | |
| 98 | phosphamidon | 磷胺 | 0.05 | 0.000 5 | 0.05 | 浆果和其他小型水果 | 禁用 |
| 99 | phoxim | 辛硫磷 | 0.05 | 0.004 | 0.05 | 浆果和其他小型水果 | |
| 100 | pirimicarb | 抗蚜威 | 1 | 0.02 | 1 | 浆果和其他小型水果 | |
| 101 | prochloraz and prochloraz - manganese chloride complex | 咪鲜胺和咪鲜胺锰盐 | 2 | 0.01 | 2 | 葡萄 | 登记 |
| 102 | procymidone | 腐霉利 | 5 | 0.1 | 5 | 葡萄 | 登记 |
| 103 | propamocarb and propamocarb hydrochloride | 霜霉威和霜霉威盐酸盐 | 2 | 0.4 | 2 | 葡萄 | 霜霉威盐酸盐复配登记 |

（续）

| 序号 | 英文通用名 | 中文名 | 最大残留限量 | ADI (mg/kg bw) | 2014 年限量 | 食品名称 | 是否登记或禁用 |
|---|---|---|---|---|---|---|---|
| 104 | propineb | 丙森锌 | 5 | 0.007 | 5 | 葡萄 | 登记 |
| 105 | pyraclostrobin | 吡唑醚菌酯 | 2 | 0.03 | 2 | 葡萄 | 复配登记 |
| 106 | pyrimethanil | 嘧霉胺 | 4 | 0.2 | 4 | 葡萄 | 登记 |
| 107 | quinoxyfen | 喹氧灵 | 2（T） | 0.2 | 2（T） | 葡萄 | |
| 108 | spinosad | 多杀霉素 | 0.5 | 0.02 | 0.5 | 葡萄 | |
| 109 | spirotetramat | 螺虫乙酯 | 2（T） | 0.05 | 2（T） | 葡萄 | |
| 110 | sulfotep | 治螟磷 | 0.01 | 0.001 | 0.01 | 浆果和其他小型水果 | 禁用 |
| 111 | tebuconazole | 戊唑醇 | 2 | 0.03 | 2 | 葡萄 | 复配登记 |
| 112 | tebufenozide | 虫酰肼 | 2 | 0.02 | 2 | 葡萄 | |
| 113 | terbufos | 特丁硫磷 | 0.01 | 0.000 6 | 0.01 | 浆果和其他小型水果 | 禁用 |
| 114 | thiabendazole | 噻菌灵 | 5 | 0.1 | 无 | 葡萄 | 登记 |
| 115 | thiacloprid | 噻虫啉 | 1 | 0.01 | 1 | 浆果和其他小型水果 | |
| 116 | thidiazuron | 噻苯隆 | 0.05（T） | 0.04 | 0.05（T） | 葡萄 | 登记 |
| 117 | thiophanate - methyl | 甲基硫菌灵 | 3 | 0.08 | 无 | 葡萄 | 登记 |
| 118 | tolylfluanid | 甲苯氟磺胺 | 3 | 0.08 | 3 | 葡萄 | |
| 119 | trichlorfon | 敌百虫 | 0.2 | 0.002 | 0.2 | 浆果和其他小型水果 | |
| 120 | zoxamide | 苯酰菌胺 | 5 | 0.5 | 5 | 葡萄 | |

注：“（T）”表示临时限量。

**表 4 GB 2763—2016 中关于葡萄干的农药最大残留限量标准**

| 序号 | 农药英文名 | 农药名称 | 中国 | | |
|---|---|---|---|---|---|
| | | | 食品名称 | 食品英文名 | 最大残留限量(mg/kg) |
| 1 | fenbutatin oxide | 苯丁锡 | 葡萄干 | raisin | 20 |
| 2 | zoxamide | 苯酰菌胺 | 葡萄干 | raisin | 15 |
| 3 | tebufenozide | 虫酰肼 | 葡萄干 | raisin | 2 |
| 4 | spinosad | 多杀霉素 | 葡萄干 | raisin | 1 |
| 5 | fenhexamid | 环酰菌胺 | 葡萄干 | raisin | 25 (T)(临时限量) |
| 6 | bifenazate | 联苯肼酯 | 葡萄干 | raisin | 2 |
| 7 | hydrogen phosphide | 磷化氢 | 干制水果 | dried fruit | 0.01 |
| 8 | sulfuryl fluoride | 硫酰氟 | 干制水果 | dried fruit | 0.06 (T)(临时限量) |
| 9 | spirotetramat | 螺虫乙酯 | 葡萄干 | raisin | 4 (T)(临时限量) |
| 10 | fenarimol | 氯苯嘧啶醇 | 葡萄干 | raisin | 0.2 |
| 11 | cyhalothrin and lambda-cyhalothrin | 氯氟氰菊酯和高效氯氟氰菊酯 | 葡萄干 | raisin | 0.3 |
| 12 | cypermethrin and beta-cypermethrin | 氯氰菊酯和高效氯氰菊酯 | 葡萄干 | raisin | 0.5 |
| 13 | etofenprox | 醚菊酯 | 葡萄干 | raisin | 8 |
| 14 | folpet | 灭菌丹 | 葡萄干 | raisin | 40 |
| 15 | hexythiazox | 噻螨酮 | 葡萄干 | raisin | 1 |
| 16 | triadimenol | 三唑醇 | 葡萄干 | raisin | 10 |
| 17 | triadimefon | 三唑酮 | 葡萄干 | raisin | 10 |
| 18 | clofentezine | 四螨嗪 | 葡萄干 | raisin | 2 |
| 19 | penconazole | 戊菌唑 | 葡萄干 | raisin | 0.5 |
| 20 | ethephon | 乙烯利 | 葡萄干 | raisin | 5 |
| 21 | piperonyl butoxide | 增效醚 | 干制水果 | dried fruit | 0.2 |

### 1.2.1 葡萄农药残留限量标准情况

根据 GB 2763 的食品分类，关于葡萄的农药残留限量标准有 70 项，关于浆果类水果的农药残留限量标准有 50 项，葡萄相关的农药残留限量标准共 120 项，涉及 136 种农药。结合我国的农药登记情况，我国葡萄农药登记和农药残留限量标准的制（修）订情况如下：

（1）登记和农药残留限量标准情况。我国在葡萄上登记的农药有 74 种，包括 61 种杀菌剂、8 种植物生长调节剂、2 种除草剂和 3 种杀虫剂。复配登记有 13 种。其中已经登记的农药中，有农药残留限量标准规定的农药有 40 种。

（2）已经在葡萄上登记并制定了农药残留限量标准的农药，共有 40 种。这部分农药的农药残留限量标准相对比较宽松，氯吡脲的农药残留限量标准为 0.05 mg/kg，噻苯隆的临时农药残留限量标准为 0.05 mg/kg，其余农药的农药残留限量标准都在 0.1 mg/kg 以上。

（3）在果树或葡萄上禁限用的农药有 29 种，这部分农药的农药残留限量标准比较严格，一般设置在 0.01 mg/kg、0.02 mg/kg、0.03 mg/kg 或 0.05 mg/kg。

（4）没有登记、不属于禁用但有农药残留限量标准的农药，有 53 种。这部分农药的农药残留限量标准有的比较宽松，有的严格。杀草强、氯丹、氰胺、异狄氏剂、倍硫磷、氟吡甲禾灵、七氯、杀扑磷、灭蚁灵、氧乐果、辛硫磷的农药残留限量标准比较严格，在 0.1 mg/kg 以下；其余则比较宽松。

### 1.2.2 葡萄干农药残留限量标准情况

根据 GB 2 763 的食品分类，关于葡萄干的农药残留限量标准有 21 项，大部分限量规定较为宽松。除了磷化氢的限量为 0.01 mg/kg，硫酰氟的临时限量为 0.06 mg/kg，氯苯嘧啶醇、氯氟氰菊酯和高效氯氟氰菊酯、氯氰菊酯和高效氯氰菊酯、戊菌唑、增效醚的限量在 0.1～1 mg/kg，其余 14 种农药残留限量均在 1 mg/kg 及以上。

### 1.2.3 葡萄农药残留限量标准的宽严情况

此外，为了解我国葡萄农药残留限量标准的宽严情况，我们对我国葡萄的农药残留限量标准进行了分类比对，具体见表 5。我国葡萄农药残留限量标准范围占比最大的是大于 1 mg/kg 的限量指标，有 40 项，占比为 33.3%；限量标准在 0.01 mg/kg 以下的限量指标，有 11 项，占比为 9.2%。

**表 5 中国葡萄农药残留限量标准分类**

| 序号 | 限量范围（mg/kg） | 数量（项） | 比例（%） |
|---|---|---|---|
| 1 | ≤0.01 | 11 | 9.2 |
| 2 | 0.01～0.1（包括 0.1） | 35 | 29.2 |
| 3 | 0.1～1（包括 1） | 34 | 28.3 |
| 4 | >1 | 40 | 33.3 |

与 2014 年标准比较，2016 年农药残留限量标准文本增加了 14 种产品的农药残留限量标准，包括萘乙酸和萘乙酸钠、唑嘧菌胺、啶酰菌胺、硫线磷、嘧菌环胺、苯醚甲环唑、氟环唑、氟虫腈、三乙膦酸铝、水胺硫磷、杀扑磷、灭多威、硫双威、噻菌灵、甲基硫菌灵等。

### 1.2.4 禁限用农药情况

《中华人民共和国食品安全法》第四十九条规定：禁止将剧毒、高毒农药用于蔬菜、瓜果、茶叶和中草药材等国家规定的农作物；第一百二十三条规定：违法使用剧毒、高毒农药的，除依照有关法律、法规规定给予处罚外，可以由公安机关依照规定给予拘留。我国禁限用农药主要通过农业部公告公布，目前禁限用农药的汇总清单如下：

（1）禁止生产销售和使用的农药名单（41种）。

| 六六六、滴滴涕、毒杀芬、二溴氯丙烷、杀虫脒、二溴乙烷、除草醚、艾氏剂、狄氏剂、汞制剂、砷类、铅类、敌枯双、氟乙酰胺、甘氟、毒鼠强、氟乙酸钠、毒鼠硅、甲胺磷、甲基对硫磷、对硫磷、久效磷、磷胺、苯线磷、地虫硫磷、甲基硫环磷、磷化钙、磷化镁、磷化锌、硫线磷、蝇毒磷、治螟磷、特丁硫磷、氯磺隆、福美胂、福美甲胂、胺苯磺隆单剂、甲磺隆单剂（38种） | |
|---|---|
| 百草枯水剂 | 自2016年7月1日起停止在国内销售和使用 |
| 胺苯磺隆复配制剂、甲磺隆复配制剂 | 自2017年7月1日起禁止在国内销售和使用 |

（2）限制使用的19种农药。

| 中文通用名 | 限制使用范围 |
|---|---|
| 甲拌磷、甲基异柳磷、内吸磷、克百威、涕灭威、灭线磷、硫环磷、氯唑磷 | 蔬菜、果树、茶树、中草药材 |
| 水胺硫磷 | 柑橘树 |
| 灭多威 | 柑橘树、苹果树、茶树、十字花科蔬菜 |
| 硫丹 | 苹果树、茶树 |
| 溴甲烷 | 草莓、黄瓜 |
| 氧乐果 | 甘蓝、柑橘树 |
| 三氯杀螨醇 | 茶树 |
| 氰戊菊酯 | 茶树 |
| 丁酰肼（比久） | 花生 |
| 氟虫腈 | 除卫生用、玉米等部分旱田种子包衣剂外的其他用途 |
| 毒死蜱、三唑磷 | 自2016年12月31日起，禁止在蔬菜上使用 |

《农药管理条例》中也规定：任何农药产品都不得超出农药登记批准的使用范围使用。剧毒、高毒农药不得用于防治卫生害虫，不得用于蔬菜、瓜果、茶叶和中草药材。

## 1.3 国际食品法典委员会（CAC）葡萄农药残留限量标准

具有国际贸易准绳作用的CAC，目前规定了98项葡萄的农药最大残留限量标准。按照标准的宽严程度进行分类，具体见表6。

表6 CAC葡萄农药残留限量标准分类

| 序号 | 限量范围（mg/kg） | 数量（项） | 比例（%） |
|---|---|---|---|
| 1 | ≤0.01 | 3 | 3.1 |
| 2 | 0.01～0.1（包括0.1） | 7 | 7.1 |
| 3 | 0.1～1（包括1） | 45 | 45.9 |
| 4 | >1 | 43 | 43.9 |

根据表6的分析，CAC对于葡萄农药残留限量标准的规定，农药残留限量标准在0.01 mg/kg以下的为3项，占标准总数的3.1%；农药残留限量标准为0.01～0.1 mg/kg（包括0.1 mg/kg）的有7项，占标准总数的7.1%；农药残留限量标准在0.1～1 mg/kg（包括1 mg/kg）的有45项，占标准总数的45.9%；农药残留限量标准大于1 mg/kg的有43项，占标准总数的43.9%（附录1）。

与CAC标准相比，我国GB 2763关于葡萄的农药残留限量标准中，与CAC均有农药残留限量标准的有55项。其中MRLs标准一致的农药有39种，我国农药残留限量标准比CAC宽松的有7项，比CAC严格的有9项。我国标准与CAC标准有重复的农药品种比较多，但在限量规定方面的一致性比较低。我国与CAC葡萄农药残留限量标准的比对见表7。

表 7 中国与 CAC 葡萄农药残留限量标准比对

| 中国葡萄农药残留限量总数（项） | CAC 葡萄农药残留限量总数（项） | 仅中国有规定的农药数量（种） | 中国、CAC 均有规定的农药数量（种） | 仅 CAC 有规定的农药数量（种） | 中国、CAC 均有规定的农药 | | |
|---|---|---|---|---|---|---|---|
| | | | | | 比 CAC 严格的农药数量（种） | 与 CAC 一致的农药数量（种） | 比 CAC 宽松的农药数量（种） |
| 120 | 98 | 63 | 55 | 41 | 9 | 39 | 7 |

## 1.4 欧盟葡萄农药残留限量标准

欧盟对于葡萄的农药残留限量主要按照鲜食葡萄和酿酒葡萄进行了划分，鲜食葡萄的农药残留限量标准有 469 项，酿酒葡萄有 471 项。

### 1.4.1 鲜食葡萄农药残留限量标准情况

根据欧盟官方网站的检索信息，2017 年 2 月欧盟规定了 469 项葡萄的农药最大残留限量标准，具体的限量标准清单见附录 2。首先按照标准的宽严程度进行了分类，具体见表 8。

表 8 欧盟葡萄农药残留限量标准分类

| 序号 | 限量范围（mg/kg） | 数量（项） | 比例（%） |
|---|---|---|---|
| 1 | ≤0.01 | 215 | 45.8 |
| 2 | 0.01～0.1（包括 0.1） | 138 | 29.4 |
| 3 | 0.1～1（包括 1） | 73 | 15.6 |
| 4 | >1 | 43 | 9.17 |

根据表 8 的分析，欧盟对于葡萄农药残留限量标准的规定，农药残留限量标准在 0.01 mg/kg 以下的为 215 项，占标准总数的 45.8%；农药残留限量标准为 0.01～0.1 mg/kg（包括 0.1 mg/kg）的有 138 项，占标准总数的 29.4%；农药残留限量标准在 0.1～1 mg/kg（包括 1 mg/kg）的有 73 项，占标准总数的 15.6%；限

量标准大于 1 mg/kg 的有 43 项，占标准总数的 9.17%。

与欧盟标准相比，我国 GB 2763 关于葡萄的农药残留限量标准中，与欧盟均有农药残留限量标准的农药数量有 97 种。其中 MRLs 标准一致的农药有 19 种，我国农药残留限量标准比欧盟宽松的农药数量有 59 种，比欧盟严格的农药数量有 19 种。我国标准与欧盟标准有重复的农药品种比较多，但在限量规定方面的一致性比较低（表 9）。

**表 9 中国与欧盟葡萄农药残留限量标准比对**

| 中国农药残留限量总数（项） | 欧盟农药残留限量总数（项） | 仅中国有规定的农药数量（种） | 中、欧均有规定的农药数量（种） | 仅欧盟有规定的农药数量（种） | 中、欧均有规定的农药 | | |
|---|---|---|---|---|---|---|---|
| | | | | | 比欧盟严格的农药数量（种） | 与欧盟一致的农药数量（种） | 比欧盟宽松的农药数量（种） |
| 120 | 469 | 23 | 97 | 372 | 19 | 19 | 59 |

### 1.4.2 酿酒葡萄农药残留限量标准

根据欧盟官方网站的检索信息，2017 年 2 月欧盟规定了 471 项酿酒葡萄的农药最大残留限量标准，具体的农药残留限量标准清单见附录 2。首先按照标准的宽严程度进行了分类，具体见表 10。

**表 10 欧盟酿酒葡萄农药残留限量标准分类**

| 序号 | 限量范围（mg/kg） | 数量（项） | 比例（%） |
|---|---|---|---|
| 1 | ≤0.01 | 215 | 45.7 |
| 2 | 0.01～0.1（包括 0.1） | 131 | 27.8 |
| 3 | 0.1～1（包括 1） | 75 | 15.9 |
| 4 | >1 | 50 | 10.6 |

根据表 10 的分析，欧盟对于酿酒葡萄农药残留限量标准的规定，农药残留限量标准在 0.01 mg/kg 以下的为 215 项，占标准总数的 45.7%；农药残留限量标准为 0.01～0.1 mg/kg（包括0.1 mg/kg）的有 131 项，占标准总数的 27.8%；农药残留限量标准在 0.1～1 mg/kg（包括 1 mg/kg）的有 75 项，占标准总数的 15.9%；农药残

留限量标准大于 1 mg/kg 的有 50 项，占标准总数的 10.6%。

欧盟鲜食葡萄和酿酒葡萄比较，有区别的农药主要有 31 种。总体而言，鲜食葡萄的农药残留限量标准比酿酒葡萄的农药残留限量标准要严格，严格的品种有 19 项（表 11）。

**表 11 欧盟鲜食葡萄与酿酒葡萄有差异的农药残留限量**

| 序号 | 药品英文名 | 药品中文名 | 限量标准 | |
|---|---|---|---|---|
| | | | 鲜食葡萄 | 酿酒葡萄 |
| 1 | azocyclotin and cyhexatin（sum of azocyclotin and cyhexatin expressed as cyhexatin） | 三唑锡和三环锡 | 0.01 | 0.3 |
| 2 | captan（sum of captan and thpi，expressed as captan）（r）（a） | 克菌丹 | 0.03 | 0.02 |
| 3 | carbendazim and benomyl（sum of benomyl and carbendazim expressed as carbendazim）（r） | 多菌灵和苯菌灵 | 0.3 | 0.5 |
| 4 | chlordecone（f） | 十氯酮 | 0.02 | 0.01 |
| 5 | chlorpyrifos（f） | 毒死蜱 | 0.01 | 0.5 |
| 6 | clethodim（sum of sethoxydim and clethodim including degradation products calculated as sethoxydim） | 烯草酮 | 1 | 0.5 |
| 7 | clofentezine（r） | 四螨嗪 | 0.02 | 1 |
| 8 | cyantraniliprole | 氰虫酰胺 | / | 1.5 |
| 9 | diethofencarb | 乙霉威 | 0.01 | 0.9 |
| 10 | ethephon | 乙烯利 | 1 | 2 |
| 11 | fenpyroximate（f） | 唑螨酯 | 0.3 | 2 |
| 12 | fluazinam（f） | 氟啶胺 | 0.05 | 3 |
| 13 | fludioxonil（f）（r） | 咯菌腈 | 5 | 4 |

（续）

| 序号 | 药品英文名 | 药品中文名 | 限量标准 | |
|---|---|---|---|---|
| | | | 鲜食葡萄 | 酿酒葡萄 |
| 14 | flufenoxuron (f) | 氟虫脲 | 1 | 2 |
| 15 | fluquinconazole (f) | 氟喹唑 | 0.1 | 0.5 |
| 16 | flutriafol | 粉唑醇 | 0.8 | 1.5 |
| 17 | fluvalinate | 氟胺氰菊酯 | 1 | / |
| 18 | folpet (sum of folpet and phtalimide, expressed as folpet) (r) | 灭菌丹 | 6 | 20 |
| 19 | isofetamid | 琥珀酸脱氢酶抑制剂类杀菌剂 | / | 4 |
| 20 | metalaxyl and metalaxyl - m (metalaxyl including other mixtures of constituent isomers including metalaxyl - m (sum of isomers)) | 甲霜灵和精甲霜灵 | 2 | 1 |
| 21 | methomyl and thiodicarb ( sum of methomyl and thiodicarb expressed as methomyl) | 灭多威和硫双威 | 0.02 | 0.5 |
| 22 | pyraclostrobin (f) | 吡唑醚菌酯 | 1 | 2 |
| 23 | pyridaben (f) | 哒螨灵 | 0.5 | 1 |
| 24 | pyriofenone | 杀菌剂 | 0.9 | 2 |
| 25 | simazine | 西玛津 | 0.2 | 1 |
| 26 | spirodiclofen (f) | 螺螨酯 | 2 | 0.2 |
| 27 | spiroxamine (sum of isomers) (a) (r) | 螺环菌胺 | 0.6 | 0.5 |
| 28 | sulfoxaflor (sum of isomers) | 氟啶虫胺腈 | 2 | 0.01 |
| 29 | tau - fluvalinate (f) | 氟胺氰菊酯 | / | 1 |
| 30 | thiophanate - methyl (r) | 甲基硫菌灵 | 0.1 | 3 |
| 31 | thiram (expressed as thiram) | 二硫四甲秋兰姆 | 0.1 | 3 |

### 1.4.3 豁免物质

欧盟对于农药残留限量管理多以法规和指令的形式颁布，对于农药授权的法规主要是 91/414/EEC 指令。2005 年，欧盟发布了 396/2005 法规，建立了植物和动物源性产品及饲料中统一的农药残留限量管理的框架。该法规的附件Ⅳ，规定了不需要设定最大残留限量的物质清单，共有 8 种。苯甲酸（Benzoic acid）；磷酸铁（Ferric phosphate）；海带多糖（Laminarin）；白粉寄生孢，菌株 AQ10（Ampelomyces quisqualis，strain AQ10）；盾壳霉，菌株 CON/M/91－08（DSM 9660）[Coniothyrium minitans，strain CON/M/91－08（DSM 9660）]；链孢黏帚霉菌株 J1446（Gliocladium catenulatum，strain J1446）；针假单胞菌，菌株 MA342（Pseudomonas chlororaphis，strain MA342）；玫烟色拟青霉，菌株 97（Paecilomyces fumosoroseus apopka，strain 97）。

### 1.4.4 禁止使用农药清单

欧盟根据企业提供的资料和风险评估确定禁止使用的农药，并通过法规发布，目前欧盟已经对超过 675 种农药及活性成分停止授权。

欧盟撤销登记的农药清单见附录 4。

## 1.5 美国葡萄农药残留限量标准

### 1.5.1 葡萄农药残留限量标准情况

美国是农产品生产大国，对于农药残留限量的规定主要包含在联邦法规 CFR 40 环境保护第 180 节，化学农药在食品中的残留限量与容许限量。美国目前规定了 93 项葡萄的农药最大残留限量标准。美国葡萄有农药残留限量标准的农药清单见附录 5。

首先按照标准的宽严程度进行了分类，具体见表 12。

**表 12 美国葡萄农药残留限量标准分类**

| 序号 | 限量范围（mg/kg） | 数量（项） | 比例（%） |
|---|---|---|---|
| 1 | ≤0.01 | 9 | 9.7 |
| 2 | 0.01～0.1（包括 0.1） | 19 | 20.4 |
| 3 | 0.1～1（包括 1） | 21 | 22.6 |
| 4 | >1 | 44 | 47.3 |

根据表 12 的分析，美国对于葡萄农药残留限量标准的规定，农药残留限量标准在 0.01 mg/kg 以下的为 9 项，占标准总数的 9.7%；农药残留限量标准为 0.01～0.1 mg/kg（包括 0.1 mg/kg）的有 19 项，占标准总数的 20.4%；农药残留限量标准在 0.1～1 mg/kg（包括 1 mg/kg）的有 21 项，占标准总数的 22.6%；农药残留限量标准大于 1 mg/kg 的有44 项，占标准总数的 47.3%。

与美国标准相比，我国 GB 2763 关于葡萄的农药残留限量标准中，与美国均有农药残留限量标准的农药数量有 29 种。其中，MRLs 标准一致的农药有 5 种，分别是腈苯唑（1 mg/kg）、苯丁锡（5 mg/kg）、腈菌唑（1 mg/kg）、马拉硫磷（5 mg/kg）、亚胺硫磷（10 mg/kg），我国农药残留限量标准比美国宽松的农药数量有 3 种，比美国严格的有 21 种。我国标准与美国标准有重复的农药品种比较多，但在限量规定方面的一致性比较低（表 13）。

**表 13 中国与美国葡萄农药残留限量标准比对**

| 中国农药残留限量总数（项） | 美国农药残留限量总数（项） | 仅中国有规定的农药数量（种） | 中、美均有规定的农药数量（种） | 仅美国有规定的农药数量（种） | 中、美均有规定的农药 | | |
|---|---|---|---|---|---|---|---|
| | | | | | 比美国严格的农药数量（种） | 与美国一致的农药数量（种） | 比美国宽松的农药数量（种） |
| 120 | 93 | 91 | 29 | 64 | 21 | 5 | 3 |

### 1.5.2 豁免物质

美国联邦法规第 40 章第 180.2 节（40CFR 180.2）列明了美国的豁免物质。美国公布更新的“豁免物质”列表上，我们按其性质归类可分为 14 大项，包括生物制剂农药、微生物菌体农药、昆虫性引诱剂和信息素、植物生长激素、植物源性农药、植物提取物、食品添加剂、无机化合物和有机化合物以及其他一些农用化学品等共计 165 种物质（表 14）。

**表 14 美国采用的“豁免物质”分类列表**

| 类　型 | 药 品 中 文 名 |
|---|---|
| 1. 生物制剂农药 | 源自苏云金芽孢杆菌 *kurstaki* 品种的 δ-内毒素并包裹在已死荧光假单胞菌的 CryIA（c）和 CryIC，以及其表达质粒和克隆载体、源自苏云金芽孢杆菌 *kurstaki* 品种并包裹在已死荧光假单胞菌的 δ-内毒素、源自苏云金芽孢杆菌 *San Diego* 品种并包裹在已死荧光假单胞菌的 δ-内毒素、芹菜夜蛾核型多角体病毒的包含体、印度谷螟颗粒体病毒、玉米夜蛾核型多角体病毒、日本金龟颗粒病毒的包含体、已死的疣孢漆斑菌、甜菜夜蛾核型多角体病毒 10 种 |
| 2. 微生物活菌体 | *Alternaria destruens* 菌株 059、白粉寄生孢分离株 M10、黄曲霉菌 AF36、黄曲霉菌 NRRL 21882、蜡样芽孢杆菌菌株 BPO、蕈状芽孢杆菌分离株 J、短小芽孢杆菌 GB34、短小芽孢杆菌菌株 QST 2808、球形芽孢杆菌、枯草芽孢杆菌 GB03、枯草芽孢杆菌 MBI 600、枯草芽孢杆菌菌株 QST 713、解淀粉芽孢杆菌菌株 FZB24、球孢白僵菌 ATCC ＃74040、球孢白僵菌菌株 GHA、梭子蟹假丝酵母菌分离株 I-182、胶孢炭疽菌合萌专化型、盾壳霉菌株 CON/M/91-08、链孢黏帚霉分离株 J1446、绿黏帚霉分离株 GL-21、真菌 *Muscodor albus* QST 20799 及其在再水合时所产生的挥发物、淡紫拟青霉菌株 251、成团泛菌菌株 C9-1、成团泛菌菌株 E325、巴氏杆菌、绿针假单胞菌菌株 63-28、荧光假单胞菌 A506、荧光假单胞菌 1929RS、丁香假单胞菌 742RS、丁香假单胞菌、棕榈疫霉、隶属于担子菌纲的丝状真菌的 *Pseudozyma flocculosa* 菌株 PF-A22 UL、利迪链霉菌 WYEC、链霉菌菌株 K61、哈茨木霉 KRL-AG2（ATCC ＃20847）菌株 T22、哈茨木霉菌株 T-39、微生物金龟子芽孢杆菌的活孢子、辣椒斑点病菌和西红柿细菌性斑点病病原特定噬菌体、蝗虫微孢子虫 40 种 |

（续）

| 类　型 | 药 品 中 文 名 |
| --- | --- |
| 3. 昆虫信息素 | 节肢动物信息素、鳞翅目昆虫信息素-天然存在化合物或其大致相同的合成化合物，具有一个不分支脂肪族的链（由 9～18 个碳原子组成），末端的功能基为醇、醛或醋酸盐，以及在脂肪族骨干上包含多达 3 个双键、葡萄螟蛾信息素、西红柿蛲虫昆虫信息素、顺-11-十六碳烯醛（小菜蛾性信息素）、反，反-8,10-十二碳二烯-1-醇（苹果蠹蛾性信息素）6 种 |
| 4. 植物及微生物提取物 | 清澄亲油性苦楝油提取物、大虎杖提取物、来自仙人掌得克萨斯仙人球、西班牙栎、香漆和红树科的植物提取物、水解酿酒酵母提取物、香叶醇、霍霍巴油、辣椒素、香茅醇 10 种 |
| 5. 植物源性农药 | 桉树油、松油、印楝素、除虫菊和除虫菊酯、薄荷脑、鱼藤酮或鱼藤属植物或其根、藜芦碱、芝麻茎 9 种 |
| 6. 植物激素和植物生长调节剂 | 细胞分裂素、生长素、赤霉素［赤霉酸（GA3 和 GA4＋GA7），以及赤霉酸钠或钾］、乙烯、邻硝基苯酚钠、对硝基苯酚钠、6-苄基腺嘌呤、5-硝基愈创木酚钠、超敏蛋白、1,4-二甲基萘、1-甲基环丙烯（1-MCP）11 种 |
| 7. 挥发性植物花朵吸引剂化合物（生化农药） | 肉桂醛、肉桂醇、4-甲氧基肉桂醛、3-苯基丙醇、4-甲氧基苯乙醇、吲哚和 1,2,4-三甲氧基苯 7 种 |
| 8. 无机化合物及盐类 | 碳酸氢铵、碳酸氢钠、碳酸氢钾、碳酸钠、氯酸钠、亚氯酸钠、双乙酸钠、次氯酸钠、次氯酸钙、偏硅酸钠、硫酸亚铁、石灰、石硫合剂、亚磷酸（杀菌剂）、磷酸二氢钾、硼酸及其盐类、硼砂、八硼酸二钠、氧化硼、硼酸钠、偏硼酸钠、氯气、铜、硫黄、硫酸 25 种 |
| 9. 有机化合物 | 聚丁烯、甲酰胺磺隆（除草剂）、甲氧咪草烟（除草剂）、胡椒基丁醚（杀虫剂）、丙酸、辛酸蔗糖酯（杀虫剂）、氨基苯甲酸甲酯、烯虫酯（杀虫剂）、壬酸、多聚甲醛（杀虫杀菌剂和熏蒸剂）、水杨酸甲酯（杀虫剂）、甲基丁香酚和马拉硫磷的混合物（杀虫剂）、氯化苦（土壤熏蒸剂）、过氧乙酸（杀菌消毒剂）、N-（2-ethylhexyl）bicyclo［2.2.1］hept-5-ene-2,3-dicarboximide（别名增效胺，为杀虫剂的增效药）、二甲苯、异构产品-M（乙酸 Z-8-十二碳烯醇酯）（杀虫剂）、甲酸（消毒剂）、硫酸盐尿素 19 种 |

（续）

| 类 型 | 药 品 中 文 名 |
|---|---|
| 10. 食品添加剂、食用香精和防腐剂 | 异硫氰酸烯丙酯、食物、药物和化妆品用色素一号蓝色粉、乳酸、几丁聚糖、聚-N-乙酰-D-葡萄糖胺、山梨酸钾、山梨糖醇、溶血磷脂酰乙醇胺、烯丙基硫醚、癸酸、磷酸铁、肉桂醛、香茅醇、过氧化氢、3,7,11-三甲基-1,6,10-十二烷三烯-1-醇、3,7,11-三甲基-2,6,10-十二烷三烯-3-醇16种 |
| 11. 氨基酸 | γ-氨基丁酸、L-谷氨酸2种 |
| 12. 表面活性剂 | 鼠李糖脂生物表面活性剂、C12－C18脂肪酸钾盐、C8、C10和C12脂肪酸甘油单酯和脂肪酸丙二醇单酯5种 |
| 13. 天敌 | 寄生和捕食性昆虫1种 |
| 14. 其他 | 硅藻土、高岭土、石油3种 |

## 1.6 澳大利亚和新西兰葡萄农药残留限量标准

### 1.6.1 葡萄农药残留限量标准情况

澳大利亚和新西兰均是农产品生产大国，对于农药残留限量的规定主要包含在澳新食品标准局颁布的《澳新食品标准法典》，包括了化学农药在食品中的残留限量与容许限量。澳大利亚和新西兰目前规定了113项葡萄的农药最大残留限量标准，首先按照标准的宽严程度进行了分类，具体见表15。

**表15 澳大利亚和新西兰葡萄农药残留限量标准分类**

| 序号 | 限量范围（mg/kg） | 数量（项） | 比例（%） |
|---|---|---|---|
| 1 | ≤0.01 | 8 | 7.1 |
| 2 | 0.01～0.1（包括0.1） | 22 | 19.5 |
| 3 | 0.1～1（包括1） | 32 | 28.3 |
| 4 | >1 | 51 | 45.1 |

根据表15的分析，澳大利亚和新西兰对于葡萄农药残留限量标准的规定，农药残留限量标准在0.01 mg/kg以下的为8项，占标准

总数的7.1%；农药残留限量标准为0.01～0.1 mg/kg（包括0.1 mg/kg）的有22项，占标准总数的19.5%；农药残留限量标准在0.1～1 mg/kg（包括1 mg/kg）的有32项，占标准总数的28.3%；农药残留限量标准大于1 mg/kg的有51项，占标准总数的45.1%。

与澳大利亚和新西兰标准相比，我国GB 2763关于葡萄的农药残留限量标准中，与澳大利亚和新西兰均有农药残留限量标准的有13项。其中MRLs标准一致的农药有4种，分别是氰胺(0.05 mg/kg)、杀螟硫磷（0.5 mg/kg）、甲氰菊酯（5 mg/kg）、苯氧喹啉（2 mg/kg）。我国农药残留限量标准比澳大利亚和新西兰宽松的农药数量有5种，比澳大利亚和新西兰严格的农药数量有4种。我国标准与澳大利亚和新西兰标准有重复的农药品种比较少，且限量规定方面的一致性也比较低（表16）。

**表16 中国与澳新葡萄农药残留限量标准比对**

| 中国葡萄农药残留限量总数（项） | 澳新葡萄农药残留限量总数（项） | 仅中国有规定的农药数量（种） | 中国、澳新均有规定的农药数量（种） | 仅澳新有规定的农药数量（种） | 中国、澳新均有规定的农药 | | |
|---|---|---|---|---|---|---|---|
| | | | | | 比澳新严格的农药数量（种） | 与澳新一致的农药数量（种） | 比澳新宽松的农药数量（种） |
| 120 | 113 | 107 | 13 | 100 | 4 | 4 | 5 |

## 1.6.2 酿酒葡萄农药残留限量标准

《澳新食品标准法典》中，除了113项鲜食葡萄农药残留的限量标准外，还特别规定了4种农药在酿酒葡萄中的限量标准（表17）。

**表17 《澳新食品标准法典》中酿酒葡萄农药残留限量标准**

| 序号 | 农药英文名 | 农药名称 | 澳新 | | |
|---|---|---|---|---|---|
| | | | 食品名称 | 食品英文名称 | 限量（mg/kg） |
| 1 | fipronil | 氟虫清 | 酿酒葡萄 | wine grapes | 0.01* |
| 2 | fluazinam | 氟啶胺 | 酿酒葡萄 | wine grapes | 0.05* |
| 3 | procymidone | 腐霉利 | 酿酒葡萄 | Wine grapes | 2（T） |
| 4 | sulfoxaflor | 氟啶虫胺腈 | 酿酒葡萄 | Wine grapes | 0.01 |

*：该限量为临时限量。

## 1.7 日本葡萄农药残留限量标准

### 1.7.1 葡萄农药残留限量标准情况

根据日本厚生劳动省网站公布的“肯定列表”制度的数据，日本对于葡萄农药残留限量标准的规定共312项。农药残留限量标准在0.01 mg/kg以下的为15项，占标准总数的4.8%；农药残留限量标准为0.01～0.1 mg/kg（包括0.1 mg/kg）的有96项，占标准总数的30.8%；农药残留限量标准在0.1～1 mg/kg（包括1 mg/kg）的有88项，占标准总数的28.2%；农药残留限量标准大于1 mg/kg的有113项，占标准总数的36.2%（表18）。

表18 日本葡萄农药残留限量标准分类

| 序号 | 限量范围（mg/kg） | 数量（项） | 比例（%） |
|---|---|---|---|
| 1 | ≤0.01 | 15 | 4.8 |
| 2 | 0.01～0.1（包括0.1） | 96 | 30.8 |
| 3 | 0.1～1（包括1） | 88 | 28.2 |
| 4 | >1 | 113 | 36.2 |

与日本标准相比，我国GB 2763关于葡萄的农药残留限量标准中，与日本均有农药残留限量标准的有75项。其中，MRLs标准一致的农药有24种。我国农药残留限量标准比日本宽松的农药数量有12种，比日本严格的农药数量有39种。我国标准相对于日本标准规定的农药较少，约只有日本的2/5。我国标准与日本标准有重复的农药品种比较多，但在限量规定方面多数都要比日本规定的限量更低（表19）。

表19 中国与日本葡萄农药残留限量标准比对

| 中国农药残留限量总数（项） | 日本农药残留限量总数（项） | 仅中国有规定的农药数量（种） | 中、日均有规定的农药数量（种） | 仅日本有规定的农药数量（种） | 中国、日本均有规定的农药 | | |
|---|---|---|---|---|---|---|---|
| | | | | | 比日本严格的农药数量（种） | 与日本一致的农药数量（种） | 比日本宽松的农药数量（种） |
| 120 | 312 | 45 | 75 | 237 | 39 | 24 | 12 |

### 1.7.2 豁免物质

日本"肯定列表"制度颁布之初，就确定了豁免物质名单。豁免物质是指那些在一定残留量水平下不会对人体健康造成不利影响的农业化学品。这包括那些来源于母体化合物但发生了化学变化所产生的化合物。在指定豁免物质时，健康、劳动与福利部主要考虑如下因素：日本的评估、FAO/WHO食品添加剂联合专家委员会（JECFA）和JMPR（FAO/WHO杀虫剂残留联合专家委员会）评估、基于《农药取缔法》的评估，以及其他国家和地区（澳大利亚、美国）的评估（相当于JECFA采用的科学评估）。日本"肯定列表"制度共包括了10大类65类物质（表20）。

**表20 日本"豁免物质"清单**

| 序号 | 类型 | 药品中文名 |
|---|---|---|
| 1 | 氨基酸（9种） | 丙氨酸、精氨酸、丝氨酸、甘氨酸、酪氨酸、缬氨酸、蛋氨酸、组氨酸、亮氨酸 |
| 2 | 维生素（14种） | $\beta$-胡萝卜素、维生素$D_2$、维生素C、维生素$B_{12}$、维生素$B_1$、维生素$B_2$、维生素$B_3$、维生素$B_5$、维生素E、维生素H、维生素$B_6$、维生素$K_3$、维生素$B_9$、维生素A |
| 3 | 微量元素、矿物质（13种） | 锌、铵、硫、氯、钾、钙、硅、硒、铁、铜、钡、镁、碘 |
| 4 | 食品和饲料添加剂（15种） | 天冬酰胺、谷氨酰胺、$\beta$-阿朴-8'-胡萝卜素酸乙酯、万寿菊色素、辣椒红素、羟丙基淀粉、虾青素、肉桂醛、胆碱、柠檬酸、酒石酸、乳酸、山梨酸、卵磷脂、丙二醇 |
| 5 | 天然杀虫剂（3种） | 印楝素、印度楝油、矿物油 |
| 6 | 生物提取物（3种） | 绿藻提取物、香菇菌丝提取物、蒜素 |
| 7 | 生物活素（1种） | 肌醇 |
| 8 | 无机化合物（1种） | 碳酸氢钠 |
| 9 | 有机化合物（1种） | 尿素 |
| 10 | 其他（5种） | 油酸、机油、硅藻土、石蜡、蜡 |

### 1.7.3 禁用和不得检出物质

2006 年日本“肯定列表”制度颁布之初，就规定了 15 种不得检出物质，后经过修订，又增加了 4 种，总计有 19 种不得检出物质（表 21）。

**表 21 日本不得检出物质清单**

| 序号 | 中文名 | 英文名 |
| --- | --- | --- |
| 1 | 2,4,5-涕 | 2,4,5-T |
| 2 | 三唑锡和三环锡 | azocyclotin and cyhexatin |
| 3 | 杀草强 | amitrol |
| 4 | 敌菌丹 | captafol |
| 5 | 卡巴多司 | carbadox |
| 6 | 香豆磷 | coumaphos |
| 7 | 氯霉素 | chloramphenicol |
| 8 | 氯丙嗪 | chlorpromazine |
| 9 | 己烯雌酚 | diethylstilbestrol |
| 10 | 二甲硝咪唑 | dimetridazole |
| 11 | 丁酰肼 | daminozide |
| 12 | 苯胺灵 | propham |
| 13 | 甲硝唑 | metronidazole |
| 14 | 罗硝唑 | ronidazole |
| 15 | 孔雀石绿 | malachiteGreen oxalate |
| 16 | 呋喃妥英 | nitrofurantion |
| 17 | 呋喃西林 | nitrofural |
| 18 | 呋喃它酮 | furaltadone |
| 19 | 呋喃唑酮 | furazolidone |

## 1.8 韩国葡萄农药残留限量标准

韩国药品监督管理局（KFDA）发布的食品中农药残留限量标准（MRLs for Pesticides in Foods），规定了 220 项葡萄的农药最大残留限量标准，按照标准的宽严程度进行了分类，具体见表22。根据表22的分析，韩国对于葡萄农药残留限量标准的规定，农药残留限量标准在0.01 mg/kg以下的为13项，占标准总数的5.9%；农药残留限量标准为0.01～0.1 mg/kg（包括0.1 mg/kg）的有67项，占标准总数的30.4%；农药残留限量标准在0.1～1 mg/kg（包括1 mg/kg）的有71项，占标准总数的32.3%；农药残留限量标准大于1 mg/kg的有69项，占标准总数的31.4%。

**表22 韩国葡萄农药残留限量标准分类**

| 序号 | 限量范围（mg/kg） | 数量（项） | 比例（%） |
| --- | --- | --- | --- |
| 1 | ≤0.01 | 13 | 5.9 |
| 2 | 0.01～0.1（包括0.1） | 67 | 30.4 |
| 3 | 0.1～1（包括1） | 71 | 32.3 |
| 4 | >1 | 69 | 31.4 |

与韩国标准相比，我国GB 2763关于葡萄的农药残留限量标准中，与韩国均有农药残留限量标准的农药数量有79种。其中MRLs标准一致的农药有涕灭威（0.02 mg/kg）、啶酰菌胺（5 mg/kg）、多菌灵（3 mg/kg）等25种，比韩国宽松的有啶虫脒、嘧菌酯、烯酰吗啉等25种，比韩国严格的有乙酰甲胺磷、溴螨酯、百菌清等29种（表23）。

**表23 中国与韩国葡萄农药残留限量标准比对**

| 中国农药残留限量总数（项） | 韩国农药残留限量总数（项） | 仅中国有规定的农药数量（种） | 中、韩均有规定的农药数量（种） | 仅韩国有规定的农药数量（种） | 中、韩均有规定的农药 | | |
| --- | --- | --- | --- | --- | --- | --- | --- |
| | | | | | 比韩国严格的农药数量（种） | 与韩国一致的农药数量（种） | 比韩国宽松的农药数量（种） |
| 120 | 220 | 41 | 79 | 141 | 29 | 25 | 25 |

# 1.9 中国香港特区葡萄农药残留限量标准

## 1.9.1 葡萄农药残留限量标准

中国香港特区对于农药残留限量的规定主要包含在《食物内

除害剂残余规例》（第 132CM 章）。中国香港特区目前规定了 148 项葡萄的农药最大残留限量标准，首先按照标准的宽严程度进行了分类，具体见表 24。根据表 24 的分析，香港特区对于葡萄农药残留限量标准的规定，农药残留限量标准在 0.01 mg/kg 以下的为 10 项，占标准总数的 6.7%；农药残留限量标准为 0.01～0.1 mg/kg（包括 0.1 mg/kg）的有 26 项，占标准总数的 17.6%；农药残留限量标准在 0.1～1 mg/kg（包括 1 mg/kg）的有 54 项，占标准总数的 36.5%；农药残留限量标准大于 1 mg/kg 的有 58 项，占标准总数的 39.2%（表 24）。

**表 24　中国香港特区葡萄限量标准分类**

| 序号 | 限量范围（mg/kg） | 数量（项） | 比例（%） |
|---|---|---|---|
| 1 | ≤0.01 | 10 | 6.7 |
| 2 | 0.01～0.1（包括 0.1） | 26 | 17.6 |
| 3 | 0.1～1（包括 1） | 54 | 36.5 |
| 4 | >1 | 58 | 39.2 |

与中国香港特区标准相比，内地 GB 2763 关于葡萄的农药残留限量标准中，与香港特区均有限量标准的农药数量有 69 种。其中，MRLs 标准一致的农药有 2,4 -滴（0.1 mg/kg）、啶酰菌胺（5 mg/kg）、多菌灵（3 mg/kg）等 54 种；比香港特区宽松的有异狄氏剂 1 种；比香港特区严格的有涕灭威、嘧菌酯、苯霜灵等 14 种。内地标准与香港特区标准有重复的农药品种比较多，在限量规定方面的一致性较好（表 25）。

**表 25　中国香港特区与内地葡萄农药残留限量标准比对**

| 内地农药残留限量总数（项） | 香港特区农药残留限量总数（项） | 仅内地有规定的农药数量（种） | 内地、香港特区均有规定的农药数量（种） | 仅香港特区有规定的农药数量（种） | 内地、香港特区均有规定的农药 | | |
|---|---|---|---|---|---|---|---|
| | | | | | 比香港特区严格的农药数量（种） | 与香港特区一致的农药数量（种） | 比香港特区宽松的农药数量（种） |
| 120 | 148 | 51 | 69 | 79 | 14 | 54 | 1 |

### 1.9.2 豁免物质

香港特区豁免农药残留名单主要有无机化合物 10 个、有机化合物 23 个、昆虫信息素 6 个、植物源农药 15 个、微生物 23 个（其中，细菌 6 个、真菌 12 个、原生动物 1 个、病毒 4 个），共计 77 个。

## 1.10 中国台湾省葡萄农药残留限量标准

中国台湾省农药残留限量标准收录在食药署发布的《农药残留容许量标准》中，其中关于葡萄的农药残留限量标准共 54 项。农药残留限量标准的宽严情况见表 26。

**表 26 中国台湾省葡萄农药残留限量标准分类**

| 序号 | 限量范围（mg/kg） | 数量（项） | 比例（%） |
|---|---|---|---|
| 1 | ≤0.01 | 2 | 3.7 |
| 2 | 0.01～0.1（包括 0.1） | 3 | 5.6 |
| 3 | 0.1～1（包括 1） | 23 | 42.6 |
| 4 | >1 | 26 | 48.1 |

与台湾省相比，大陆和台湾省均规定了农药残留限量标准的农药数量有 23 种。其中，农药残留 MRLs 限量标准一致的农药数量有 11 种，大陆农药残留限量标准比台湾省宽松的农药数量有 3 种，大陆标准相对严格的农药数量有 9 种（表 27）。

**表 27 中国台湾省与大陆葡萄农药残留限量标准比对**

| 大陆农药残留限量总数（项） | 台湾省农药残留限量总数（项） | 仅大陆有规定的农药数量（种） | 大陆、台湾省均有规定的农药数量（种） | 仅台湾省有规定的农药数量（种） | 大陆、台湾省均有规定的农药 | | |
|---|---|---|---|---|---|---|---|
| | | | | | 比台湾省严格的农药数量（种） | 与台湾省一致的农药数量（种） | 比台湾省宽松的农药数量（种） |
| 120 | 54 | 97 | 23 | 31 | 9 | 11 | 3 |

# 2 国内外葡萄重金属和污染物的限量标准

## 2.1 中国葡萄重金属及污染物限量标准

我国农产品食品中重金属及污染物的限量标准主要在《食品安全国家标准 食品中污染物限量》(GB 2762—2012) 中，其中规定了农产品食品中重金属和污染物的限量标准。与葡萄相关的主要是铅和镉的限量，具体见表28。根据GB 2762—2012中附录A的分类，食品类别中与葡萄相关的为新鲜水果(未经加工的、经表面处理的、去皮或预切的、冷冻的水果)，其中分为浆果和其他小粒水果及其他新鲜水果(包括甘蔗)。

**表28 中国葡萄中重金属及污染物限量标准**

| 序号 | 污染物 | 产品 | 限量 (mg/kg) |
|---|---|---|---|
| 1 | 铅 | 浆果和其他小粒水果 | 0.2 |
| 2 | 镉 | 新鲜水果 | 0.05 |

## 2.2 CAC葡萄重金属和污染物限量标准

CAC关于水果中重金属及污染物限量标准主要在《食品中污染物毒素的限量》中，其中规定了铅的限量标准(表29)。

考虑到各国饮食习惯的特点，CAC规定了罐装水果中铅的要求，同时也规定了浆果和其他小型水果中铅含量的要求。

表 29 CAC 规定的葡萄重金属污染物限量标准

| 食品中文名称 | 食品英文名称 | 污染物中文名称 | 污染物英文名称 | 限量 (mg/kg) |
| --- | --- | --- | --- | --- |
| 罐装水果 | canned strawberries | 铅 | lead | 0.1 |
| 浆果及其他小型水果 | berries and other small fruits | 铅 | lead | 0.2 |

## 2.3 欧盟葡萄重金属及污染物限量标准

欧盟关于重金属污染物的限量标准主要包含在（EC）No.1881/2006 号法规中，葡萄的主要包含在水果类产品的限量标准中（表 30）。

表 30 欧盟关于葡萄的重金属和污染物限量标准

| 污染物 | | 产品 | | 限量（mg/kg） |
| --- | --- | --- | --- | --- |
| 中文 | 英文 | 中文 | 英文 | |
| 铅 | lead | 浆果 | berries and small fruits | 0.2 |
| 镉 | cadmium | 蔬菜水果 | vegetables and fruits | 0.05 |

## 2.4 澳新葡萄重金属及污染物限量标准

《澳新食品标准法典》中关于重金属及污染物的限量标准主要是铅和丙烯腈（表 31）。

表 31 《澳新食品标准法典》关于葡萄重金属及污染物限量标准

| 重金属 | 产品 | 限量（mg/kg） | 实施时间 |
| --- | --- | --- | --- |
| 铅 | 水果 | 0.1 | 2016-03-01 |

## 2.5 中国香港特区葡萄重金属及污染物限量标准

中国香港特区关于重金属及污染物的限量标准主要在《食物掺杂（金属杂质含量）规例》中，其中没有专门针对葡萄的限量标准，主要是谷类及蔬菜中的限量规定。

# 3 国内外葡萄生产和贸易情况

葡萄是浆果类产品中贸易量最大的品种，葡萄种植范围广，各地形成不同特色的葡萄品种。随着生活水平的提高，人们对高端水果的需求量逐年增加，我国在大量出口葡萄的同时，也从国外大量进口。根据联合国粮农组织（FAO）统计，世界葡萄生产大国有西班牙、法国、中国、意大利、土耳其等。我们按照收获面积统计了世界葡萄产量前十的葡萄生产大国（表 32）。

**表 32 FAO 统计的世界葡萄生产大国收获面积**（$hm^2$）

| 国家 | 2012 年 | 2013 年 | 2014 年 |
|---|---|---|---|
| 西班牙 | 947 096 | 946 970 | 931 065 |
| 法国 | 760 804 | 760 546 | 757 948 |
| 意大利 | 750 397 | 725 564 | 702 904 |
| 中国大陆 | 665 600 | 714 600 | 767 200 |
| 土耳其 | 462 296 | 468 792 | 467 093 |
| 美国 | 411 979 | 421 651 | 418 607 |
| 阿根廷 | 221 202 | 223 580 | 213 111 |
| 智利 | 189 882 | 192 082 | 198 082 |
| 葡萄牙 | 179 500 | 177 781 | 178 986 |
| 罗马尼亚 | 177 661 | 177 781 | 175 545 |

葡萄在我国农产品对外贸易中也占了重要地位，根据海关统计数据，收集了我国 2011—2016 年的进出口贸易数据，具体见表 33。我国葡萄出口保持稳定上升的趋势，2015 年以来出口增长迅速，主要供应泰国、越南、中国香港特区等国家和地区。与此同

## 表 33　中国葡萄近年来进出口贸易数据

| 年度 | 国家及地区 | 出口量（t） | 出口金额（万美元） | 国家及地区 | 进口量（t） | 进口金额（万美元） |
|---|---|---|---|---|---|---|
| 2014 年 | 总量 | 156 079 | 43 309.9 | 总量 | 233 610 | 64 062.1 |
| | 泰国 | 52 916.7 | 20 442.3 | 智利 | 81 858 | 23 087.0 |
| | 越南 | 32 966 | 7 071.1 | 美国 | 45 266 | 13 341.9 |
| | 印度尼西亚 | 11 651 | 2 888.5 | 秘鲁 | 69 949 | 20 176.6 |
| 2015 年 | 总量 | 233 515 | 81 876.3 | 总量 | 250 717 | 63 757.9 |
| | 泰国 | 99 587 | 47 148.8 | 智利 | 91 011 | 23 066.5 |
| | 越南 | 5 332.7 | 14 323.0 | 秘鲁 | 74 117 | 21 104.5 |
| | 中国香港特区 | 16 918.8 | 4 811.4 | 美国 | 31 703 | 8 626.4 |
| | 印度尼西亚 | 10 744.3 | 3 715.7 | 澳大利亚 | 16 165.1 | 4 876.8 |
| | 马来西亚 | 7 632.7 | 2 939.7 | 南非 | 12 345.7 | 3 444.1 |
| | 日本 | 5 238.9 | 1 719.9 | 乌兹别克斯坦 | 22 953.6 | 1 942.7 |
| | 俄罗斯 | 9 022.3 | 1 308.3 | 印度 | 1 219.6 | 320.7 |
| | 缅甸 | 2 959.3 | 906.4 | 中国台湾省 | 426.1 | 188.5 |
| | 英国 | 3 684.2 | 672.2 | 土耳其 | 546.2 | 114.9 |
| 2016 年 | 总量 | 283 221 | 72 584.9 | 总量 | 289 483 | 68 488.5 |
| | 泰国 | 119 198 | 28 286.2 | 智利 | 120 428 | 28 468.3 |
| | 越南 | 55 702 | 16 185.2 | 秘鲁 | 65 382 | 15 890.2 |
| | 中国香港特区 | 26 575 | 8 467.5 | 澳大利亚 | 34 776 | 10 237.6 |
| | 马来西亚 | 14 053.1 | 4 814.6 | 美国 | 29 714.8 | 7 843.9 |
| | 印度尼西亚 | 15 694.5 | 4 692.1 | 南非 | 11 291.2 | 2 866.3 |
| | 日本 | 4 198.5 | 1 442.8 | 乌兹别克斯坦 | 25 376.2 | 2 534.1 |
| | 俄罗斯 | 7 690.7 | 1 214.3 | 印度 | 1 578.1 | 358.9 |
| | 缅甸 | 4 591.3 | 960.7 | 中国台湾省 | 352.2 | 135.1 |
| | 孟加拉国 | 3 540.1 | 815.9 | 土耳其 | 318.9 | 82.1 |
| | 英国 | 3 781.4 | 788.1 | 伊朗 | 85.2 | 17.1 |

时，葡萄进口一直保持稳定增长的趋势，主要从智利、美国、秘鲁、澳大利亚等国家进口。

葡萄进口量的增长速度大于出口量增长。2013 年之前，虽然我国葡萄出口量和进口量差距不大，但进口葡萄的价格高于出口葡萄价格，约为 1.5 倍，因此从整体来看，我国葡萄贸易处于逆差形势。2013 年，葡萄出口量为 14.1 万 t，出口金额 3.5 亿美元，而葡萄进口量为 20.53 万 t，进口金额 5.5 亿美元。近年来，随着我国葡萄产业的发展，以及优良品种的引进和规模化种植发展，葡萄进出口贸易差距逐渐缩小。2016 年，葡萄出口量为 28.3 万 t，出口金额 7.2 亿美元，而葡萄进口量为 28.9 万 t，进口金额 6.8 亿美元（表 33）。

# 4　国内外葡萄等级规格和生产技术规程标准

我国关于葡萄品质方面的国家标准有1项，行业标准3项，地方标准11项。关于生产技术规程方面的国家标准有2项，行业标准8项，地方标准30项。具体见表34。现行的葡萄产品和生产技术规程标准存在以下主要问题：

**表34　我国现行葡萄等级规格和生产技术规程标准**

| | | |
|---|---|---|
| 品种、品质 | 国家标准 | 《无核白葡萄》(GB/T 19970—2005) |
| | 行业标准 | 《鲜葡萄》(GH/T 1022—2000) |
| | | 《冷藏葡萄》(NY/T 1986—2011) |
| | | 《无核白葡萄》(NY/T 704—2003) |
| | 地方标准 | 《地理标志产品　茶淀玫瑰香葡萄》(DB12/T 515—2014) |
| | | 《北京果品等级　鲜葡萄》(DB11/T 602—2008) |
| | | 《无公害果品　巨峰葡萄》(DB13/T 594—2005) |
| | | 《无公害果品　龙眼葡萄》(DB13/T 739—2005) |
| | | 《无公害果品　玫瑰香葡萄》(DB13/T 876—2007) |
| | | 《地理标志保护产品　宣化牛奶葡萄　果品质量》(DB13/T 911.1—2007) |
| | | 《酿酒葡萄质量标准》(DB13/T 912—2007) |
| | | 《萧县葡萄果实》(DB34/T 255—2002) |
| | | 《地理标志产品　红岩葡萄》(DB52/T 1061—2015) |
| | | 《无公害食品　红地球葡萄》(DB61/T 381.1—2006) |
| | | 《怀涿盆地葡萄综合标准　第3部分：牛奶葡萄综合标准》(DB1307/T 063—2001) |

（续）

| | | |
|---|---|---|
| 种植、生产技术规程 | 国家标准 | 《农药药效试验准则（二）杀菌剂防治葡萄黑痘病》（GB/T 17980.123—2004） |
| | | 《农药药效试验准则（二）葡萄生长调节剂试验》（GB/T 17980.143—2004） |
| | 行业标准 | 《葎叶蛇葡萄育苗技术规程》（LY/T 2048—2012） |
| | | 《葡萄苗木》（NY 469—2001） |
| | | 《葡萄产地环境技术条件》（NY/T 857—2004） |
| | | 《葡萄保鲜技术规范》（NY/T 1199—2006） |
| | | 《葡萄无病毒母本树和苗木》（NY/T 1843—2010） |
| | | 《水果套袋技术规程鲜食葡萄》（NY/T 1998—2011） |
| | | 《酿酒葡萄生产技术规程》（NY/T 2682—2015） |
| | | 《无公害食品　鲜食葡萄生产技术规程》（NY/T 5088—2002） |
| | 地方标准 | 《葡萄　生产技术规程》（DB34/T 256—2002） |
| | | 《葡萄日光温室促早栽培技术》（DB11/T 609—2008） |
| | | 《有机食品　葡萄生产技术规程》（DB11/T 897—2012） |
| | | 《无公害葡萄设施栽培生产技术规程》（DB13/T 646—2005） |
| | | 《无公害果品　龙眼葡萄生产技术规程》（DB13/T 737—2005） |
| | | 《无公害果品　红地球葡萄生产技术规程》（DB13/T 855—2007） |
| | | 《无公害果品　玫瑰香葡萄生产技术规程》（DB13/T 860—2007） |
| | | 《地理标志保护产品　宣化牛奶葡萄　栽培》（DB13/T 911.3—2007） |
| | | 《葡萄嫁接苗生产技术规程》（DB13/T 913—2007） |
| | | 《葡萄防雹防网架设技术规程》（DB13/T 941—2008） |
| | | 《酿酒葡萄生产技术规程》（DB13/T 1142—2009） |
| | | 《葡萄防风网架设规程》（DB13/T 1437—2011） |
| | | 《无公害食品　无核克伦生葡萄》（DB13/T 1467—2011） |
| | | 《无公害食品　无核克伦生葡萄生产技术规程》（DB13/T 1468—2011） |
| | | 《农产品质量安全　设施葡萄生产技术规程》（DB21/T 1424—2006） |

（续）

| | | |
|---|---|---|
| 种植、生产技术规程 | 地方标准 | 《农产品质量安全　葡萄苗木繁育技术规程》（DB21/T 1535—2007） |
| | | 《里扎马特葡萄栽培技术规程》（DB32/T 1345—2009） |
| | | 《葡萄炭疽病测报调查规范》（DB34/T 577—2005） |
| | | 《葡萄叶蝉病测报调查规范》（DB34/T 578—2005） |
| | | 《葡萄黑痘病测报调查规范》（DB34/T 574—2005） |
| | | 《葡萄白腐病测报调查规范》（DB34/T 575—2005） |
| | | 《葡萄霜霉病测报调查规范》（DB34/T 576—2005） |
| | | 《绿色食品（A）级葡萄生产技术规程》（DB34/T 1131—2010） |
| | | 《无公害食品　红地球葡萄　产地环境条件》（DB61/T 381.2—2006） |
| | | 《无公害食品　红地球葡萄　生产技术规程》（DB61/T 381.3—2006） |
| | | 《鲜食葡萄病虫害综合防治技术规程》（DB3205/T 096—2005） |
| | | 《鲜食葡萄嫁接育苗技术规程》（DB3205/T 097—2005） |
| | | 《葡萄　栽培技术》（DB511322.03—2009） |
| | | 《葡萄　主要病虫害防治》（DB511322.04—2009） |
| | | 《葡萄　果园建设》（DB511322T01—2009） |

（1）现有葡萄标准体系中企业标准少。与发达国家相比，我国葡萄方面的国家、行业和地方标准并不少，但企业标准很少或没有。在市场经济条件下，应以企业标准（或团体标准）为主，特别是种植操作技术等方面的标准。

（2）标准内容过于复杂，可操作性差。如《鲜食葡萄》标准中用于果实分级的标准有果穗大小、果穗紧密度、果粒大小、着色、果粉、果面缺陷、$SO_2$伤害、可溶性固形物含量和风味等 9 项指标，包括多种感官和理化指标，给分级带来不便，给实际操作带来困难。风味是评价葡萄品质优劣的重要指标，但受主观因素的影响太大，不宜作为葡萄的分级指标。而美国鲜食分级指标仅有果实颜色、果粒大小、果梗的新鲜度、果穗和果粒缺陷等 4 项指标；澳大利亚的红地球葡萄仅用颜色和大小作为分级标准。SQF（澳大利亚食品质量和安全研究所）的红地球标准对果实的成熟度和其他外观做了最低规定，对果穗大小的范围进行了规定。仅将果实大小和颜色作为等级划分的依据是可行的，这两个指标容易测量和目测判断，操作起来比较简单。

（3）缺乏主栽品种和原产地标准。由于葡萄主栽品种繁多，葡萄产地的气候条件也千差万别，不同品种不仅在果实大小、内在质量上的差异很大，同一品种在不同的产地也有很大差别。如果制定同一个标准要顾及每个品种和各个葡萄产区，只有宜粗不宜细，否则影响标准的实用性和可操作性。

美国和欧盟也制定了相关的葡萄产品标准，欧盟的葡萄标准主要有（EC）No 2789/1999 鲜食葡萄标准，并通过（EC）No 716/2001 修订（EC）No 2789/1999 鲜食葡萄标准进行了修订。

美国的葡萄标准主要有：

（1）American（Eastern Type）Bunch Grapes for Processing and Freezing Grades and Standards 美国（东部类型）用于加工和冷冻的葡萄等级和标准。

（2）American（Eastern Type）Bunch Grapes Grades and Standards 美国（东部类型）葡萄等级和标准。

（3）Grapes for Processing and Freezing Grades and Standards 用于加工和冷冻的葡萄等级和标准。

（4）Muscadine Grapes Grades and Standards 圆叶葡萄等级和标准。

（5）Table Grapes（European or Vinifera Type）Grades and Standards 鲜食葡萄（欧洲或酿酒用葡萄类型）等级和标准。

（6）Title 7→Subtitle B→Chapter IX→Part 925：GRAPES GROWN IN A DESIGNATED AREA OF SOUTHEASTERN

CALIFORNIA（加州东南指定地区种植的葡萄）。

（7）Title 7→Subtitle B→Chapter I→Subchapter A→Part 35：EXPORT GRAPES AND PLUMS（出口葡萄和李子）。

# 5　中国葡萄酒质量安全与产品标准

## 5.1　葡萄酒质量安全标准

《食品安全国家标准　食品中污染物限量》（GB 2762—2012）规定了葡萄酒中铅的限量标准，为0.2 mg/kg。

《食品安全国家标准　食品添加剂使用标准》（GB 2760—2014）中规定了葡萄酒添加剂和助剂的限量要求，包括7种添加剂和13种助剂。具体见表35。

**表35　葡萄酒产品标准**

| 序号 | 标准号 | 标准名称 |
|---|---|---|
| 1 | DB54/T 0118—2017 | 地理标志产品　盐井葡萄酒（干型） |
| 2 | DB65/T 3780—2015 | 地理标志产品　吐鲁番葡萄酒 |
| 3 | NY/T 274—2014 | 绿色食品　葡萄酒 |
| 4 | GB/T 18966—2008 | 地理标志产品　烟台葡萄酒 |
| 5 | GB/T 27586—2011 | 山葡萄酒 |
| 6 | DBS65/ 002—2012 | 食品安全地方标准　冰葡萄酒 |
| 7 | GB/T 19265—2008 | 地理标志产品　沙城葡萄酒 |
| 8 | GB/T 25504—2010 | 冰葡萄酒 |
| 9 | GB/T 20820—2007 | 地理标志产品　通化山葡萄酒 |
| 10 | QB/T 1982—1994 | 山葡萄酒 |
| 11 | GB/T 19504—2008 | 地理标志产品　贺兰山东麓葡萄酒 |
| 12 | GB/T 19049—2008 | 地理标志产品　昌黎葡萄酒 |
| 13 | GB/T 15037—2006 | 葡萄酒 |

## 5.2　葡萄酒产品标准

我国葡萄酒产品标准包括国家标准和行业标准，既有地理标志产品标准，也有农业部行业标准，共有13项（表36）。

**表36　葡萄酒中添加剂和助剂的限量标准**（GB 2760—2014）

| 序号 | 食品名称 | 添加剂 | 英文名称 | 功能 | 最大使用量/使用范围 |
| --- | --- | --- | --- | --- | --- |
| 1 | 葡萄酒 | 二氧化硫，焦亚硫酸钾，焦亚硫酸钠，亚硫酸钠，亚硫酸氢钠，低亚硫酸钠 | sulfurdioxide，potassium metabisulphite，sodium metabisulphite，sodium sulfite，sodium hydrogensulfite，sodium hyposulfite | 漂白剂、防腐剂、抗氧化剂 | 0.25 g/L |
| 2 | 调香葡萄酒 | 焦糖色（加氨生产） | caramel colour class Ⅲ - ammonia proces | 着色剂 | 50.0 g/L |
| 3 | 调香葡萄酒 | 焦糖色（普通法） | caramel colour class Ⅰ - plain | 着色剂 | 按生产需要适量使用 |
| 4 | 调香葡萄酒 | 焦糖色（亚硫酸铵法） | caramel colour class Ⅳ - ammonia sulphite process | 着色剂 | 50.0 g/L |
| 5 | 葡萄酒 | L（+）-酒石酸，dl-酒石酸 | L（+）- tartaric acid，dl - tartaric acid | 酸度调节剂 | 4.0 g/L |
| 6 | 葡萄酒 | 山梨酸及其钾盐 | orbic acid，potassium sorbate | 防腐剂、抗氧化剂、稳定剂 | 0.2 g/kg |
| 7 | 葡萄酒 | D-异抗坏血酸及其钠盐 | D - isoascorbic acid (erythorbic acid)，sodium D - isoascorbate | 抗氧化剂、护色剂 | 0.15 g/kg |
| 8 | 葡萄酒 | 阿拉伯胶 | rabicgum | 澄清剂 | 加工工艺 |
| 9 | 葡萄酒 | 不溶性聚乙烯聚吡咯烷酮 | insoluble polyvinylpolypyrrolidone（PVPP） | 吸附剂 | 加工工艺和发酵工艺 |

（续）

| 序号 | 食品名称 | 添加剂 | 英文名称 | 功能 | 最大使用量/使用范围 |
|---|---|---|---|---|---|
| 10 | 葡萄酒 | 高岭土 | kaolin | 澄清剂、助滤剂 | 加工工艺和发酵工艺 |
| 11 | 葡萄酒 | 硅胶 | silica gel | 澄清剂 | 加工工艺 |
| 12 | 葡萄酒 | 酒石酸氢钾 | potassium bitartrate | 结晶剂 | 加工工艺 |
| 13 | 葡萄酒 | 抗坏血酸 | ascorbic acid | 防褐变 | 加工工艺 |
| 14 | 葡萄酒 | 抗坏血酸钠 | sodium ascorbate | 防褐变 | 加工工艺 |
| 15 | 葡萄酒 | 离子交换树脂 | ion exchange resins | 脱色剂、吸附剂 | 加工工艺、水处理工艺、制糖工艺和发酵工艺 |
| 16 | 葡萄酒 | 硫酸铜 | copper sulphate | 澄清剂、螯合剂、发酵用营养物质 | 加工工艺、发酵工艺 |
| 17 | 葡萄酒 | 明胶 | gelatin | 澄清剂 | 加工工艺 |
| 18 | 葡萄酒 | 膨润土 | bentonite | 吸附剂、助滤剂、澄清剂、脱色剂 | 加工工艺、发酵工艺 |
| 19 | 葡萄酒 | 食用单宁 | edible tannin | 助滤剂、澄清剂、脱色剂 | 加工工艺 |
| 20 | 葡萄酒 | 珍珠岩 | pearl rock | 助滤剂 | 加工工艺、发酵工艺 |

## 5.3 葡萄酒检测方法标准

葡萄酒作为一种特殊的产品，目前制定了37项检测方法标准，包括元素、微生物、微量成分、有害物质等含量的检测（表37）。

**表 37 葡萄酒检测方法标准**

| 序号 | 标准号 | 标准名称 | 发布时间 |
|---|---|---|---|
| 1 | QB/T 4853—2015 | 葡萄酒中水的稳定氧同位素比值（18O/16O）测定方法 同位素平衡交换法 | 2016-06-01 |
| 2 | QB/T 4852—2015 | 起泡葡萄酒中二氧化碳的稳定碳同位素比值（13C/12C）测定方法 稳定同位素比值质谱法 | 2016-03-01 |
| 3 | QB/T 4851—2015 | 葡萄酒中无机元素的测定方法 电感耦合等离子体质谱法和电感耦合等离子体原子发射光谱法 | 2016-03-01 |
| 4 | GB/T 15038—2006 | 葡萄酒、果酒通用分析方法（含第1号修改单） | 2016-08-31 |
| 5 | SN/T 4675.29—2016 | 出口葡萄酒中酒香酵母检验 实时荧光 PCR 法 | 2017-07-01 |
| 6 | SN/T 4675.28—2016 | 出口葡萄酒中细菌、霉菌及酵母的计数 | 2017-07-01 |
| 7 | SN/T 4675.27—2016 | 出口葡萄酒碱性灰分的测定 | 2017-07-01 |
| 8 | SN/T 4675.26—2016 | 出口葡萄酒浊度的测定 散射光法 | 2017-07-01 |
| 9 | SN/T 4675.25—2016 | 出口葡萄酒颜色的测定 CIE1976（L* a* b）色空间法 | 2017-07-01 |
| 10 | SN/T 4675.24—2016 | 出口葡萄酒福林-肖卡指数的测定 分光光度计法 | 2017-07-01 |
| 11 | SN/T 4675.23—2016 | 出口葡萄酒及葡萄汁中氨氮的测定 连续流动分析仪法 | 2017-07-01 |
| 12 | SN/T 4675.22—2016 | 出口葡萄酒中总二氧化硫的测定 比色法 | 2017-07-01 |
| 13 | SN/T 4675.21—2016 | 出口葡萄酒中可溶性无机盐的测定 离子色谱法 | 2017-07-01 |
| 14 | SN/T 4675.20—2016 | 出口葡萄酒中稀土元素的测定 电感耦合等离子体质谱法 | 2017-07-01 |
| 15 | SN/T 4675.19—2016 | 出口葡萄酒中钠、镁、钾、钙、铬、锰、铁、铜、锌、砷、硒、银、镉、铅的测定 | 2017-07-01 |
| 16 | SN/T 4675.18—2016 | 出口葡萄酒中二硫代氨基甲酸酯残留量的测定 顶空气相色谱法 | 2017-07-01 |
| 17 | SN/T 4675.17—2016 | 出口葡萄酒中丁基锡含量的测定 气相色谱-质谱/质谱法 | 2017-07-01 |
| 18 | SN/T 4675.16—2016 | 出口葡萄酒中富马酸的测定 液相色谱-质谱/质谱法 | 2017-07-01 |

（续）

| 序号 | 标准号 | 标准名称 | 发布时间 |
| --- | --- | --- | --- |
| 19 | SN/T 4675.15—2016 | 出口葡萄酒中水杨酸、脱氢乙酸、对氯苯甲酸的测定　液相色谱法 | 2017-07-01 |
| 20 | SN/T 4675.14—2016 | 出口葡萄酒中纳他霉素的测定　液相色谱-质谱/质谱法 | 2017-07-01 |
| 21 | SN/T 4675.13—2016 | 出口葡萄酒中2,4,6-三氯苯甲醚残留量的测定 | 2017-07-01 |
| 22 | SN/T 4675.12—2016 | 出口葡萄酒中溶菌酶的测定　液相色谱法 | 2017-07-01 |
| 23 | SN/T 4675.11—2016 | 出口葡萄酒中7种花色苷的测定　超高效液相色谱法 | 2017-07-01 |
| 24 | SN/T 4675.10—2016 | 出口葡萄酒中赭曲霉毒素A的测定　液相色谱-质谱/质谱法 | 2017-07-01 |
| 25 | SN/T 4675.9—2016 | 出口葡萄酒中二甘醇的测定　气相色谱-质谱法 | 2017-07-01 |
| 26 | SN/T 4675.8—2016 | 出口葡萄酒中5-羟甲基糠醛的测定　液相色谱法 | 2017-07-01 |
| 27 | SN/T 4675.7—2016 | 出口葡萄酒中乙醛的测定　气相色谱-质谱法 | 2017-07-01 |
| 28 | SN/T 4675.6—2016 | 出口葡萄酒中葡萄糖、果糖和蔗糖的测定 | 2017-07-01 |
| 29 | SN/T 4675.5—2016 | 出口葡萄酒中有机酸的测定　离子色谱法 | 2017-07-01 |
| 30 | SN/T 4675.4—2016 | 出口葡萄酒中乳酸的测定　酶法 | 2017-07-01 |
| 31 | SN/T 4675.3—2016 | 出口葡萄酒中乙醇稳定碳同位素比值的测定 | 2017-07-01 |
| 32 | SN/T 4675.2—2016 | 出口葡萄酒中2,3-丁二醇的测定　气相色谱法 | 2017-07-01 |
| 33 | SN/T 4675.1—2016 | 出口葡萄酒中甘油的测定　酶法 | 2017-07-01 |
| 34 | QB/T 4850—2015 | 葡萄酒中挥发性酯类的测定方法　静态顶空-气相色谱法 | 2016-06-01 |
| 35 | QB/T 4849—2015 | 葡萄酒中挥发性醇类的测定方法　静态顶空-气相色谱法 | 2016-06-01 |
| 36 | SN/T 4523—2016 | 出口葡萄酒中多种非法色素的测定　液相色谱-质谱/质谱法 | 2017-02-01 |
| 37 | SN/T 4675.30—2017 | 出口葡萄酒中拜氏接合酵母检验 SYBR Green Ⅰ荧光PCR法 | 2017-12-01 |

## 5.4 葡萄酒管理体系标准

我国目前制定了 11 项葡萄酒管理体系标准，用于规范葡萄酒的生产、运输和销售（表 38）。

**表 38 葡萄酒管理体系标准**

| 序号 | 标准号 | 标准名称 |
|---|---|---|
| 1 | T/CCAA 25—2016 | 食品安全管理体系　葡萄酒及果酒生产企业要求 |
| 2 | SB/T 11122—2015 | 进口葡萄酒相关术语翻译规范 |
| 3 | SB/T 10712—2012 | 葡萄酒运输、储存技术规范 |
| 4 | GB/T 23543—2009 | 葡萄酒企业良好生产规范 |
| 5 | SB/T 10711—2012 | 葡萄酒原酒流通技术规范 |
| 6 | HJ 452—2008 | 清洁生产标准　葡萄酒制造业 |
| 7 | GB/T 25394—2010 | 葡萄栽培和葡萄酒酿制设备　果浆泵　试验方法 |
| 8 | GB/T 25393—2010 | 葡萄栽培和葡萄酒酿制设备　葡萄收获机　试验方法 |
| 9 | BB/T 0018—2000 | 包装容器　葡萄酒瓶 |
| 10 | GB/T 23777—2009 | 葡萄酒储藏柜 |
| 11 | CNCA/CTS 0025—2008 | 食品安全管理体系　葡萄酒生产企业要求 |

# 附　　录

## 附录 1　CAC 葡萄农药残留限量标准

CAC 葡萄农药残留限量标准见附表 1。

**附表 1　CAC 葡萄农药残留限量标准**

| 序号 | 农药英文名 | 农药名称 | CAC | | |
|---|---|---|---|---|---|
| | | | 食品名称 | 食品英文名称 | 限量 (mg/kg) |
| 1 | 2,4-D | 2,4-滴 | 浆果和其他小型水果 | berries and other small fruits | 0.1 |
| 2 | abamectin | 阿维菌素 | 葡萄 | grapes | 0.01 |
| 3 | acetamiprid | 啶虫脒 | 葡萄 | grapes | 0.5 |
| 4 | aldicarb | 涕灭威 | 葡萄 | grapes | 0.2 |
| 5 | ametoctradin | 唑嘧菌胺 | 葡萄 | grapes | 6 |
| 6 | amitrole | 杀草强 | 葡萄 | grapes | 0.05 |
| 7 | azocyclotin | 三唑锡 | 葡萄 | grapes | 0.3 |
| 8 | azoxystrobin | 嘧菌酯 | 葡萄 | grapes | 2 |
| 9 | benalaxyl | 苯霜灵 | 葡萄 | grapes | 0.3 |
| 10 | bifenazate | 联苯肼酯 | 葡萄 | grapes | 0.7 |
| 11 | bifenthrin | 联苯菊酯 | 葡萄 | grapes | 0.3 |
| 12 | boscalid | 啶酰菌胺 | 葡萄 | grapes | 5 |
| 13 | bromopropylate | 溴螨酯 | 葡萄 | grapes | 2 |
| 14 | buprofezin | 噻嗪酮 | 葡萄 | grapes | 1 |
| 15 | captan | 克菌丹 | 葡萄 | grapes | 25 |
| 16 | carbendazim | 多菌灵 | 葡萄 | grapes | 3 |

（续）

| 序号 | 农药英文名 | 农药名称 | CAC | | |
|---|---|---|---|---|---|
| | | | 食品名称 | 食品英文名称 | 限量（mg/kg） |
| 17 | chlorantraniliprole | 氯虫苯甲酰胺 | 浆果和其他小型水果 | berries and other small fruits | 1 |
| 18 | chlorothalonil | 百菌清 | 葡萄 | grapes | 3 |
| 19 | chlorpyrifos | 毒死蜱 | 葡萄 | grapes | 0.5 |
| 20 | chlorpyrifos - methyl | 甲基毒死蜱 | 葡萄 | grapes | 1 |
| 21 | clofentezine | 四螨嗪 | 葡萄 | grapes | 2 |
| 22 | clothianidin | 噻虫胺 | 葡萄 | grapes | 0.7 |
| 23 | cyazofamid | 氰霜唑 | 葡萄 | grapes | 1.5 |
| 24 | cycloxydim | 噻草酮 | 葡萄 | grapes | 0.3 |
| 25 | cyflumetofen | 丁氟螨酯 | 葡萄 | grapes | 0.6 |
| 26 | cyhalothrin (includes lambda - cyhalothrin) | 氯氟氰菊酯和高效氯氟氰菊酯 | 浆果和其他小型水果 | berries and other small fruits | 0.2 |
| 27 | cyhexatin | 三环锡 | 葡萄 | grapes | 0.3 |
| 28 | cypermethrins (including alpha - and zeta - cypermethrin) | 氯氰菊酯（包括顺式氯氰菊酯和Z-氯氰菊酯） | 葡萄 | grapes | 0.2 |
| 29 | cyprodinil | 嘧菌环胺 | 葡萄 | grapes | 3 |
| 30 | deltamethrin | 溴氰菊酯 | 葡萄 | grapes | 0.2 |
| 31 | dichlobenil | 敌草腈 | 葡萄 | grapes | 0.05 |
| 32 | dicloran | 氯硝胺 | 葡萄 | grapes | 7 |
| 33 | difenoconazole | 苯醚甲环唑 | 葡萄 | grapes | 3 |
| 34 | dimethomorph | 烯酰吗啉 | 葡萄 | grapes | 3 |
| 35 | dinocap | 敌螨普 | 葡萄 | grapes | 0.5 |
| 36 | dinotefuran | 呋虫胺 | 葡萄 | grapes | 0.9 |

（续）

| 序号 | 农药英文名 | 农药名称 | CAC | | |
|---|---|---|---|---|---|
| | | | 食品名称 | 食品英文名称 | 限量(mg/kg) |
| 37 | dithianon | 二氰蒽醌 | 食用葡萄 | table - grapes | 2 |
| 38 | dithiocarbamates | 二硫代氨基甲酸酯 | 葡萄 | grapes | 5 |
| 39 | emamectin benzoate | 甲氨基阿维菌素苯甲酸盐 | 葡萄 | grapes | 0.03 |
| 40 | ethephon | 乙烯利 | 葡萄 | grapes | 0.8 |
| 41 | etofenprox | 醚菊酯 | 葡萄 | grapes | 4 |
| 42 | etoxazole | 乙螨唑 | 葡萄 | grapes | 0.5 |
| 43 | famoxadone | 噁唑菌酮 | 葡萄 | grapes | 2 |
| 44 | fenamidone | 咪唑菌酮 | 葡萄 | grapes | 0.6 |
| 45 | fenarimol | 氯苯嘧啶醇 | 葡萄 | grapes | 0.3 |
| 46 | fenbuconazole | 腈苯唑 | 葡萄 | grapes | 1 |
| 47 | fenbutatin oxide | 苯丁锡 | 葡萄 | grapes | 5 |
| 48 | fenhexamid | 环酰菌胺 | 葡萄 | grapes | 15 |
| 49 | fenpyroximate | 唑螨酯 | 葡萄 | grapes | 0.1 |
| 50 | flubendiamide | 氟苯虫酰胺 | 葡萄 | grapes | 2 |
| 51 | fludioxonil | 咯菌腈 | 葡萄 | grapes | 2 |
| 52 | flumioxazin | 丙炔氟草胺 | 葡萄 | grapes | 0.02 |
| 53 | fluopicolide | 氟吡菌胺 | 葡萄 | grapes | 2 |
| 54 | fluopyram | 氟吡菌酰胺 | 葡萄 | grapes | 2 |
| 55 | flusilazole | 氟硅唑 | 葡萄 | grapes | 0.2 |
| 56 | flutriafol | 粉唑醇 | 葡萄 | grapes | 0.8 |
| 57 | fluxapyroxad | 氟唑菌酰胺 | 葡萄 | grapes | 3 |
| 58 | folpet | 灭菌丹 | 葡萄 | grapes | 10 |
| 59 | glufosinate - ammonium | 草胺磷 | 葡萄 | grapes | 0.15 |

（续）

| 序号 | 农药英文名 | 农药名称 | CAC | | |
|---|---|---|---|---|---|
| | | | 食品名称 | 食品英文名称 | 限量(mg/kg) |
| 60 | haloxyfop | 氟吡甲禾灵 | 葡萄 | grapes | 0.02 |
| 61 | hexythiazox | 噻螨酮 | 葡萄 | grapes | 1 |
| 62 | imidacloprid | 吡虫啉 | 葡萄 | grapes | 1 |
| 63 | indoxacarb | 茚虫威 | 葡萄 | grapes | 2 |
| 64 | iprodione | 异菌脲 | 葡萄 | grapes | 10 |
| 65 | kresoxim - methyl | 醚菌酯 | 葡萄 | grapes | 1 |
| 66 | malathion | 马拉硫磷 | 葡萄 | grapes | 5 |
| 67 | mandipropamid | 双炔酰菌胺 | 葡萄 | grapes | 2 |
| 68 | meptyldinocap | 硝苯菌酯 | 葡萄 | grapes | 0.2 |
| 69 | metalaxyl | 甲霜灵 | 葡萄 | grapes | 1 |
| 70 | methidathion | 杀扑磷 | 葡萄 | grapes | 1 |
| 71 | methomyl | 灭多威 | 葡萄 | grapes | 0.3 |
| 72 | methoxyfenozide | 甲氧虫酰肼 | 葡萄 | grapes | 1 |
| 73 | metrafenone | 苯菌酮 | 葡萄 | grapes | 5 |
| 74 | myclobutanil | 腈菌唑 | 葡萄 | grapes | 0.9 |
| 75 | paraquat | 百草枯 | 浆果和其他小型水果 | berries and other small fruits | 0.01 |
| 76 | parathion - methyl | 甲基对硫磷 | 葡萄 | grapes | 0.5 |
| 77 | penconazole | 戊菌唑 | 葡萄 | grapes | 0.2 |
| 78 | permethrin | 氯菊酯 | 葡萄 | grapes | 2 |
| 79 | phosmet | 亚胺硫磷 | 葡萄 | grapes | 10 |
| 80 | propargite | 炔螨特 | 葡萄 | grapes | 7 |
| 81 | pyraclostrobin | 吡唑醚菌酯 | 葡萄 | grapes | 2 |
| 82 | pyrimethanil | 嘧霉胺 | 葡萄 | grapes | 4 |
| 83 | quinoxyfen | 喹氧灵 | 葡萄 | grapes | 2 |

（续）

| 序号 | 农药英文名 | 农药名称 | CAC | | |
|---|---|---|---|---|---|
| | | | 食品名称 | 食品英文名称 | 限量 (mg/kg) |
| 84 | saflufenacil | 苯嘧磺草胺 | 葡萄 | grapes | 0.01 |
| 85 | spinetoram | 乙基多杀菌素 | 葡萄 | grapes | 0.3 |
| 86 | spinosad | 多杀霉素 | 葡萄 | grapes | 0.5 |
| 87 | spirodiclofen | 螺螨酯 | 葡萄 | grapes | 0.2 |
| 88 | spirotetramat | 螺虫乙酯 | 葡萄 | grapes | 2 |
| 89 | sulfoxaflor | 氟啶虫胺腈 | 葡萄 | grapes | 2 |
| 90 | tebuconazole | 戊唑醇 | 葡萄 | grapes | 6 |
| 91 | tebufenozide | 虫酰肼 | 葡萄 | grapes | 2 |
| 92 | thiacloprid | 噻虫啉 | 浆果和其他小型水果 | berries and other small fruits | 1 |
| 93 | thiamethoxam | 噻虫嗪 | 浆果和其他小型水果 | berries and other small fruits | 0.5 |
| 94 | triadimefon | 三唑酮 | 葡萄 | grapes | 0.3 |
| 95 | triadimenol | 三唑醇 | 葡萄 | grapes | 0.3 |
| 96 | trifloxystrobin | 肟菌酯 | 葡萄 | grapes | 3 |
| 97 | triflumizole | 氟菌唑 | 葡萄 | grapes | 3 |
| 98 | zoxamide | 苯酰菌胺 | 葡萄 | grapes | 5 |

## 附录 2　欧盟鲜食葡萄农药残留限量标准

欧盟鲜食葡萄农药残留限量标准见附表 2。

**附表 2　欧盟鲜食葡萄农药残留限量标准**

| 序号 | 农药英文名 | 农药名称 | 欧盟 | | |
|---|---|---|---|---|---|
| | | | 食品名称 | 食品英文名称 | 限量 (mg/kg) |
| 1 | 1,1 - dichloro - 2,2 - bis（4 - ethylphenyl）ethane（f） | 1,1 -二氯- 2,2 -二（4 -乙苯）乙烷 | 葡萄 | grapes | 0.01* |

（续）

| 序号 | 农药英文名 | 农药名称 | 欧盟 | | |
|---|---|---|---|---|---|
| | | | 食品名称 | 食品英文名称 | 限量(mg/kg) |
| 2 | 1, 2 - dibromoethane (ethylene dibromide) (f) | 1,2-二溴乙烷 | 葡萄 | grapes | 0.01* |
| 3 | 1, 2 - dichloroethane (ethylene dichloride) (f) | 1,2-二氯乙烷 | 葡萄 | grapes | 0.01* |
| 4 | 1,3 - dichloropropene | 1,3-二氯丙烯 | 葡萄 | grapes | 0.01* |
| 5 | 1 - methylcyclopropene | 1-甲基环丙烯 | 葡萄 | grapes | 0.01* |
| 6 | 1 - naphthylacetamide and 1 - naphthylacetic acid (sum of 1 - naphthylacetamide and 1 - naphthylacetic acid and its salts, expressed as 1 - naphythlacetic acid) | 1-萘乙酰胺 | 葡萄 | grapes | 0.06* |
| 7 | 2,4,5 - t (sum of 2,4,5 - t, its salts and esters, expressed as 2, 4,5 - t) (f) | 2,4,5-涕 | 葡萄 | grapes | 0.01* |
| 8 | 2,4 - D and 2,4 - D Na | 2,4-滴和 2,4-滴钠盐 | 葡萄 | grapes | 0.1 |
| 9 | 2,4 - DB (sum of 2,4 - db, its salts, its esters and its conjugates, expressed as 2,4 - db) (r) | 2,4-滴丁酸 | 葡萄 | grapes | 0.01* |
| 10 | 2 - amino - 4 - methoxy - 6 - (trifluormethyl) - 1,3,5 - triazine (amtt), resulting from the use of tritosulfuron (f) | 三氟甲磺隆代谢物 | 葡萄 | grapes | 0.01* |
| 11 | 2 - naphthyloxyacetic acid | 2-萘氧乙酸 | 葡萄 | grapes | 0.01* |
| 12 | 2 - phenylphenol | 2-苯基苯酚 | 葡萄 | grapes | 0.05* |

（续）

| 序号 | 农药英文名 | 农药名称 | 欧盟 | | |
|---|---|---|---|---|---|
| | | | 食品名称 | 食品英文名称 | 限量（mg/kg） |
| 13 | 8－hydroxyquinoline（sum of 8－hydroxyquinoline and its salts，expressed as 8－hydroxyquinoline） | 8-羟基喹啉 | 葡萄 | grapes | 0.01* |
| 14 | abamectin（sum of avermectin b1a，avermectin b1b and delta－8，9 isomer of avermectin b1a，expressed as avermectin b1a）（f）（r） | 阿维菌素 | 葡萄 | grapes | 0.01* |
| 15 | acephate | 乙酰甲胺磷 | 葡萄 | grapes | 0.01* |
| 16 | acequinocyl | 灭螨醌 | 葡萄 | grapes | 0.3 |
| 17 | acetamiprid | 啶虫脒 | 葡萄 | grapes | 0.5 |
| 18 | acetochlor | 乙草胺 | 葡萄 | grapes | 0.01* |
| 19 | acibenzolar－s－methyl［sum of acibenzolar－s－methyl and acibenzolar acid（free and conjugated），expressed as acibenzolar－s－methyl］ | 苯并噻二唑 | 葡萄 | grapes | 0.01* |
| 20 | aclonifen | 苯草醚 | 葡萄 | grapes | 0.05* |
| 21 | acrinathrin | 氟丙菊酯 | 葡萄 | grapes | 0.05* |
| 22 | alachlor | 甲草胺 | 葡萄 | grapes | 0.01* |
| 23 | aldicarb | 涕灭威 | 葡萄 | grapes | 0.02* |
| 24 | aldrin and dieldrin（aldrin and dieldrin combined expressed as dieldrin）（f） | 艾氏剂和狄氏剂 | 葡萄 | grapes | 0.01* |
| 25 | ametoctradin | 唑嘧菌胺 | 葡萄 | grapes | 6 |
| 26 | amidosulfuron | 酰嘧磺隆 | 葡萄 | grapes | 0.01* |
| 27 | aminopyralid | 氯氨吡啶酸 | 葡萄 | grapes | 0.01* |

（续）

| 序号 | 农药英文名 | 农药名称 | 欧盟 | | |
|---|---|---|---|---|---|
| | | | 食品名称 | 食品英文名称 | 限量（mg/kg） |
| 28 | amisulbrom | 吲唑磺菌胺 | 葡萄 | grapes | 0.5 |
| 29 | amitraz (amitraz including the metabolites containing the 2,4 - dimethylaniline moiety expressed as amitraz) | 双甲脒 | 葡萄 | grapes | 0.05* |
| 30 | amitrole | 杀草强 | 葡萄 | grapes | 0.05 |
| 31 | anilazine | 敌菌灵 | 葡萄 | grapes | 0.01* |
| 32 | anthraquinone | 蒽醌 | 葡萄 | grapes | 0.01* |
| 33 | aramite | 杀螨特 | 葡萄 | grapes | 0.01* |
| 34 | asulam | 双氟磺草胺 | 葡萄 | grapes | 0.05* |
| 35 | atrazine | 莠去津 | 葡萄 | grapes | 0.05* |
| 36 | azadirachtin | 印楝素 | 葡萄 | grapes | 1 |
| 37 | azimsulfuron | 四唑嘧磺隆 | 葡萄 | grapes | 0.01* |
| 38 | azinphos - ethyl | 乙基谷硫磷 | 葡萄 | grapes | 0.02* |
| 39 | azinphos - methyl | 保棉磷 | 葡萄 | grapes | 0.05* |
| 40 | azocyclotin and cyhexatin (sum of azocyclotin and cyhexatin expressed as cyhexatin) | 三唑锡和三环锡 | 葡萄 | grapes | 0.01* |
| 41 | azoxystrobin | 嘧菌酯 | 葡萄 | grapes | 3 |
| 42 | barban | 燕麦灵 | 葡萄 | grapes | 0.01* |
| 43 | beflubutamid | 乙酸异丁酯 | 葡萄 | grapes | 0.02* |
| 44 | benalaxyl including other mixtures of constituent isomers including benalaxyl - m (sum of isomers) | 苯霜灵 | 葡萄 | grapes | 0.3 |
| 45 | benfluralin | 氟草胺 | 葡萄 | grapes | 0.02* |

（续）

| 序号 | 农药英文名 | 农药名称 | 欧盟 | | |
|---|---|---|---|---|---|
| | | | 食品名称 | 食品英文名称 | 限量(mg/kg) |
| 46 | bentazone | 灭草松 | 葡萄 | grapes | 0.03* |
| 47 | benthiavalicarb - isopropyl | 苯噻菌胺酯 | 葡萄 | grapes | 0.3 |
| 48 | benzalkonium chloride (mixture of alkylbenzyldimethylammonium chlorides with alkyl chain lengths of c8, c10, c12, c14, c16 and c18) | 杀藻胺 | 葡萄 | grapes | 0.1 |
| 49 | benzovindiflupyr | 苯并烯氟菌唑 | 葡萄 | grapes | 0.01* |
| 50 | bifenazate (sum of bifenazate plus bifenazate - diazene expressed as bifenazate) (f) | 联苯肼酯 | 葡萄 | grapes | 0.7 |
| 51 | bifenox | 治草醚 | 葡萄 | grapes | 0.01* |
| 52 | bifenthrin | 联苯菊酯 | 葡萄 | grapes | 0.2 |
| 53 | biphenyl | 联苯 | 葡萄 | grapes | 0.01* |
| 54 | bitertanol | 联苯三唑醇 | 葡萄 | grapes | 0.01* |
| 55 | bixafen | 联苯吡菌胺 | 葡萄 | grapes | 0.01* |
| 56 | bone oil | 骨油 | 葡萄 | grapes | 0.01* |
| 57 | boscalid | 啶酰菌胺 | 葡萄 | grapes | 5 |
| 58 | bromide ion | 溴离子 | 葡萄 | grapes | 20 |
| 59 | bromophos - ethyl | 乙基溴硫磷 | 葡萄 | grapes | 0.01* |
| 60 | bromopropylate | 溴螨酯 | 葡萄 | grapes | 0.01* |
| 61 | bromoxynil and its salts, expressed as bromoxynil | 溴苯腈 | 葡萄 | grapes | 0.01* |
| 62 | bromuconazole (sum of diasteroisomers) (f) | 糠菌唑 | 葡萄 | grapes | 0.5 |
| 63 | bupirimate | 乙嘧酚磺酸酯 | 葡萄 | grapes | 1.5 |

（续）

| 序号 | 农药英文名 | 农药名称 | 欧盟 | | |
|---|---|---|---|---|---|
| | | | 食品名称 | 食品英文名称 | 限量（mg/kg） |
| 64 | buprofezin | 噻嗪酮 | 葡萄 | grapes | 1 |
| 65 | butralin | 地乐胺 | 葡萄 | grapes | 0.01* |
| 66 | butylate | 丁草敌 | 葡萄 | grapes | 0.01* |
| 67 | cadusafos | 硫线磷 | 葡萄 | grapes | 0.01* |
| 68 | camphechlor（toxaphene）（f）（r） | 毒杀芬 | 葡萄 | grapes | 0.01* |
| 69 | captafol | 敌菌丹 | 葡萄 | grapes | 0.02* |
| 70 | captan（sum of captan and thpi，expressed as captan）（r）（a） | 克菌丹 | 葡萄 | grapes | 0.03* |
| 71 | carbaryl | 甲萘威 | 葡萄 | grapes | 0.01* |
| 72 | carbendazim，thiophanate，thiophanate－methyl and benomyl | 多菌灵，托布津，甲基托布津，苯菌灵 | 葡萄 | grapes | 0.3 |
| 73 | carbetamide | 双酰草胺 | 葡萄 | grapes | 0.05* |
| 74 | carbofuran［sum of carbofuran（including any carbofuran generated from carbosulfan，benfuracarb or furathiocarb）and 3－oh carbofuran expressed as carbofuran］（r） | 克百威 | 葡萄 | grapes | 0.002* |
| 75 | carbon monoxide | 一氧化碳 | 葡萄 | grapes | 0.01* |
| 76 | carboxin | 呋喃威 | 葡萄 | grapes | 0.05* |
| 77 | carfentrazone－ethyl（determined as carfentrazone and expressed as carfentrazone－ethyl） | 唑草酮 | 葡萄 | grapes | 0.01* |
| 78 | chlorantraniliprole（dpx e－2y45）（f） | 氯虫苯甲酰胺 | 葡萄 | grapes | 1 |
| 79 | chlorbenside | 氯杀螨 | 葡萄 | grapes | 0.01* |

（续）

| 序号 | 农药英文名 | 农药名称 | 欧盟 | | |
|---|---|---|---|---|---|
| | | | 食品名称 | 食品英文名称 | 限量（mg/kg） |
| 80 | chlorbufam | 氯草灵 | 葡萄 | grapes | 0.01* |
| 81 | chlordane | 氯丹 | 葡萄 | grapes | 0.01* |
| 82 | chlordecone | 十氯酮 | 葡萄 | grapes | 0.02 |
| 83 | chlorfenapyr | 虫螨腈 | 葡萄 | grapes | 0.01* |
| 84 | chlorfenson | 杀螨酯 | 葡萄 | grapes | 0.01* |
| 85 | chlorfenvinphos | 毒虫畏 | 葡萄 | grapes | 0.01* |
| 86 | chloridazon（sum of chloridazon and chloridazon－desphenyl，expressed as chloridazon） | 杀草敏 | 葡萄 | grapes | 0.1* |
| 87 | chlormequat | 矮壮素 | 葡萄 | grapes | 0.05* |
| 88 | chlorobenzilate | 乙酯杀螨醇 | 葡萄 | grapes | 0.02* |
| 89 | chloropicrin | 氯化苦 | 葡萄 | grapes | 0.01* |
| 90 | chlorothalonil | 百菌清 | 葡萄 | grapes | 3 |
| 91 | chlorotoluron | 绿麦隆 | 葡萄 | grapes | 0.01* |
| 92 | chloroxuron | 枯草隆 | 葡萄 | grapes | 0.01* |
| 93 | chlorpropham | 氯苯胺灵 | 葡萄 | grapes | 0.01* |
| 94 | chlorpyrifos | 毒死蜱 | 葡萄 | grapes | 0.01* |
| 95 | chlorpyrifos－methyl | 甲基毒死蜱 | 葡萄 | grapes | 0.2 |
| 96 | chlorsulfuron | 绿黄隆 | 葡萄 | grapes | 0.05* |
| 97 | chlorthal－dimethyl | 二甲基敌草索 | 葡萄 | grapes | 0.01* |
| 98 | chlorthiamid | 草克乐 | 葡萄 | grapes | 0.01* |
| 99 | chlozolinate | 乙菌利 | 葡萄 | grapes | 0.01* |
| 100 | chromafenozide | 环虫酰肼 | 葡萄 | grapes | 1.5 |
| 101 | cinidon－ethyl（sum of cinidon ethyl and its e－isomer） | 吲哚酮草酯 | 葡萄 | grapes | 0.05* |

（续）

| 序号 | 农药英文名 | 农药名称 | 欧盟 | | |
|---|---|---|---|---|---|
| | | | 食品名称 | 食品英文名称 | 限量(mg/kg) |
| 102 | clethodim（sum of sethoxydim and clethodim including degradation products calculated as sethoxydim） | 烯草酮 | 葡萄 | grapes | 1 |
| 103 | clodinafop-propargyl | 炔草酯 | 葡萄 | grapes | 0.02* |
| 104 | clofentezine | 四螨嗪 | 葡萄 | grapes | 0.02* |
| 105 | clomazone | 异噁草松 | 葡萄 | grapes | 0.01* |
| 106 | clopyralid | 毕克草 | 葡萄 | grapes | 0.5 |
| 107 | clothianidin | 噻虫胺 | 葡萄 | grapes | 0.7 |
| 108 | copper compounds（copper） | 铜化合物 | 葡萄 | grapes | 50 |
| 109 | cyanamide including salts expressed as cyanamide | 氰胺 | 葡萄 | grapes | 0.01* |
| 110 | cyazofamid | 氰霜唑 | 葡萄 | grapes | 2 |
| 111 | cyclanilide | 环丙酸酰胺 | 葡萄 | grapes | 0.05* |
| 112 | cycloxydim including degradation and reaction products which can be determined as 3-（3-thianyl）glutaric acid s-dioxide（bh 517-tgso2）and/or 3-hydroxy-3-(3-thianyl）glutaric acid s-dioxide (bh 517-5-oh-tgso2）or methyl esters thereof，calculated in total as cycloxydim | 噻草酮 | 葡萄 | grapes | 0.5 |
| 113 | cyflufenamid：sum of cyflufenamid（z-isomer）and its e-isomer | 环氟菌胺 | 葡萄 | grapes | 0.15 |
| 114 | cyflumetofen | 丁氟螨酯 | 葡萄 | grapes | 0.6 |

（续）

| 序号 | 农药英文名 | 农药名称 | 欧盟 | | |
|---|---|---|---|---|---|
| | | | 食品名称 | 食品英文名称 | 限量 (mg/kg) |
| 115 | cyfluthrin [cyfluthrin including other mixtures of constituent isomers (sum of isomers)] (f) | 氟氯氰菊酯 | 葡萄 | grapes | 0.3 |
| 116 | cyhalofop - butyl | 氰氟草酯 | 葡萄 | grapes | 0.02* |
| 117 | cymoxanil | 霜脲氰 | 葡萄 | grapes | 0.2 |
| 118 | cypermethrin and beta - cypermethrin | 氯氰菊酯和高效氯氰菊酯 | 葡萄 | grapes | 0.5 |
| 119 | cyproconazole | 环丙唑醇 | 葡萄 | grapes | 0.2 |
| 120 | cyprodinil | 嘧菌环胺 | 葡萄 | grapes | 3 |
| 121 | cyromazine | 灭蝇胺 | 葡萄 | grapes | 0.05* |
| 122 | dalapon | 茅草枯 | 葡萄 | grapes | 0.05* |
| 123 | daminozide [sum of daminozide and 1,1 - dimethyl - hydrazine (udhm), expressed as daminozide] | 丁酰肼 | 葡萄 | grapes | 0.02* |
| 124 | dazomet, metam and methyl isothiocyanate | 棉隆 | 葡萄 | grapes | 0.02* |
| 125 | DDT [sum of p, p′- ddt, o, p′-ddt, p - p′- dde and p, p′- tde (ddd) expressed as ddt] (f) | 滴滴涕 | 葡萄 | grapes | 0.05* |
| 126 | deltamethrin and tralomethrin | 溴氰菊酯和四溴菊酯 | 葡萄 | grapes | 0.2 |
| 127 | desmedipham | 甲菌定 | 葡萄 | grapes | 0.01* |
| 128 | di - allate (sum of isomers) (f) | 燕麦敌 | 葡萄 | grapes | 0.01* |
| 129 | diazinon | 二嗪磷 | 葡萄 | grapes | 0.01* |
| 130 | dicamba | 达诺杀 | 葡萄 | grapes | 0.05* |

（续）

| 序号 | 农药英文名 | 农药名称 | 欧盟 | | |
|---|---|---|---|---|---|
| | | | 食品名称 | 食品英文名称 | 限量(mg/kg) |
| 131 | dichlobenil | 敌草腈 | 葡萄 | grapes | 0.01* |
| 132 | dichlorprop [sum of dichlorprop (including dichlorprop - p), its salts, esters and conjugates, expressed as dichlorprop] (r) | 2,4-滴丙酸 | 葡萄 | grapes | 0.02* |
| 133 | dichlorvos and naled | 敌敌畏和二溴磷 | 葡萄 | grapes | 0.01* |
| 134 | diclofop (sum diclofop - methyl and diclofop acid expressed as diclofop - methyl) | 二氯苯氧基丙酸 | 葡萄 | grapes | 0.05* |
| 135 | dicloran | 氯硝胺 | 葡萄 | grapes | 0.01* |
| 136 | dicofol (sum of p, p′ and o, p′ isomers) (f) | 三氯杀螨醇 | 葡萄 | grapes | 0.02* |
| 137 | didecyldimethylammonium chloride (mixture of alkyl - quaternary ammonium salts with alkyl chain lengths of c8, c10 and c12) | 双十烷基二甲基氯化铵 | 葡萄 | grapes | 0.1 |
| 138 | diethofencarb | 乙霉威 | 葡萄 | grapes | 0.01* |
| 139 | difenoconazole | 苯醚甲环唑 | 葡萄 | grapes | 3 |
| 140 | diflubenzuron | 除虫脲 | 葡萄 | grapes | 1 |
| 141 | diflufenican | 吡氟酰草胺 | 葡萄 | grapes | 0.01* |
| 142 | difluoroacetic acid (dfa) | 二氟乙酸 | 葡萄 | grapes | 0.15 |
| 143 | dimethachlor | 油菜安 | 葡萄 | grapes | 0.02* |
| 144 | dimethenamid including other mixtures of constituent isomers including dimethenamid - p (sum of isomers) | 二甲吩草胺 | 葡萄 | grapes | 0.01* |

（续）

| 序号 | 农药英文名 | 农药名称 | 欧盟 | | |
|---|---|---|---|---|---|
| | | | 食品名称 | 食品英文名称 | 限量(mg/kg) |
| 145 | dimethipin | 噻节因 | 葡萄 | grapes | 0.05* |
| 146 | dimethoate (sum of dimethoate and omethoate expressed as dimethoate) | 乐果 | 葡萄 | grapes | 0.02* |
| 147 | dimethomorph (sum of isomers) | 烯酰吗啉 | 葡萄 | grapes | 3 |
| 148 | dimoxystrobin | 醚菌胺 | 葡萄 | grapes | 0.01* |
| 149 | diniconazole (sum of isomers) | 烯唑醇 | 葡萄 | grapes | 0.01* |
| 150 | dinocap (sum of dinocap isomers and their corresponding phenols expressed as dinocap) (f) | 敌螨普 | 葡萄 | grapes | 0.02* |
| 151 | dinoseb (sum of dinoseb, its salts, dinoseb - acetate and binapacryl, expressed as dinoseb) | 地乐酚 | 葡萄 | grapes | 0.02* |
| 152 | dinotefuran | 呋虫胺 | 葡萄 | grapes | 0.9 |
| 153 | dinoterb (sum of dinoterb, its salts and esters, expressed as dinoterb) | 特乐酚 | 葡萄 | grapes | 0.01* |
| 154 | dioxathion (sum of isomers) | 敌杀磷 | 葡萄 | grapes | 0.01* |
| 155 | diphenylamine | 二苯胺 | 葡萄 | grapes | 0.05* |
| 156 | diquat | 敌草快 | 葡萄 | grapes | 0.01* |
| 157 | disulfoton (sum of disulfoton, disulfoton sulfoxide and disulfoton sulfone expressed as disulfoton) (f) | 乙拌磷 | 葡萄 | grapes | 0.01* |
| 158 | dithianon | 二氰蒽醌 | 葡萄 | grapes | 3 |

（续）

| 序号 | 农药英文名 | 农药名称 | 欧盟 | | |
|---|---|---|---|---|---|
| | | | 食品名称 | 食品英文名称 | 限量（mg/kg） |
| 159 | dithiocarbamates（dithiocarbamates expressed as cs2，including maneb，mancozeb，metiram，propineb，thiram and ziram） | 二硫代氨基甲酸酯 | 葡萄 | grapes | 5 |
| 160 | diuron | 敌草隆 | 葡萄 | grapes | 0.01* |
| 161 | DNOC | 二硝基邻甲酚 | 葡萄 | grapes | 0.01* |
| 162 | dodemorph | 吗菌灵 | 葡萄 | grapes | 0.01* |
| 163 | dodine | 多果定 | 葡萄 | grapes | 0.01* |
| 164 | emamectin benzoate b1a，expressed as emamectin | 甲氨基阿维菌素苯甲酸盐 | 葡萄 | grapes | 0.05 |
| 165 | endosulfan（sum of alpha - and beta - isomers and endosulfan - sulphate expresses as endosulfan）（f） | 硫丹 | 葡萄 | grapes | 0.05* |
| 166 | endrin | 异狄氏剂 | 葡萄 | grapes | 0.01* |
| 167 | epoxiconazole | 氟环唑 | 葡萄 | grapes | 0.05* |
| 168 | EPTC（ethyl dipropylthiocarbamate） | 丙草丹 | 葡萄 | grapes | 0.01* |
| 169 | ethalfluralin | 丁氟消草 | 葡萄 | grapes | 0.01* |
| 170 | ethametsulfuron - methyl | 胺苯磺隆 | 葡萄 | grapes | 0.01* |
| 171 | ethephon | 乙烯利 | 葡萄 | grapes | 1 |
| 172 | ethion | 乙硫磷 | 葡萄 | grapes | 0.01* |
| 173 | ethirimol | 乙嘧酚 | 葡萄 | grapes | 0.5 |
| 174 | ethofumesate（sum of ethofumesate，2 - keto - ethofumesate，open - ring - 2 - keto - ethofumesate and its conjugate，expressed as ethofumesate） | 乙呋草黄 | 葡萄 | grapes | 0.03* |

（续）

| 序号 | 农药英文名 | 农药名称 | 欧盟 | | |
|---|---|---|---|---|---|
| | | | 食品名称 | 食品英文名称 | 限量(mg/kg) |
| 175 | ethoprophos | 灭线磷 | 葡萄 | grapes | 0.02* |
| 176 | ethoxyquin | 乙氧喹啉 | 葡萄 | grapes | 0.05* |
| 177 | ethoxysulfuron | 乙氧嘧磺隆 | 葡萄 | grapes | 0.01* |
| 178 | ethylene oxide (sum of ethylene oxide and 2-chloro-ethanol expressed as ethylene oxide) (f) | 环氧乙烷 | 葡萄 | grapes | 0.02* |
| 179 | etofenprox | 醚菊酯 | 葡萄 | grapes | 5 |
| 180 | etoxazole | 乙螨唑 | 葡萄 | grapes | 0.5 |
| 181 | etridiazole | 氯唑灵 | 葡萄 | grapes | 0.05* |
| 182 | famoxadone | 噁唑菌酮 | 葡萄 | grapes | 2 |
| 183 | fenamidone | 咪唑菌酮 | 葡萄 | grapes | 0.6 |
| 184 | fenamiphos (sum of fenamiphos and its sulphoxide and sulphone expressed as fenamiphos) | 苯线磷 | 葡萄 | grapes | 0.03 |
| 185 | fenarimol | 氯苯嘧啶醇 | 葡萄 | grapes | 0.3 |
| 186 | fenazaquin | 喹螨醚 | 葡萄 | grapes | 0.2 |
| 187 | fenbuconazole | 腈苯唑 | 葡萄 | grapes | 1 |
| 188 | fenbutatin oxide | 苯丁锡 | 葡萄 | grapes | 2 |
| 189 | fenchlorphos (sum of fenchlorphos and fenchlorphos oxon expressed as fenchlorphos) | 皮蝇磷 | 葡萄 | grapes | 0.01* |
| 190 | fenhexamid | 环酰菌胺 | 葡萄 | grapes | 15 |
| 191 | fenitrothion | 杀螟硫磷 | 葡萄 | grapes | 0.01* |
| 192 | fenoxaprop-ethyl | 精噁唑禾草灵 | 葡萄 | grapes | 0.1 |
| 193 | fenoxycarb | 苯氧威 | 葡萄 | grapes | 1 |

（续）

| 序号 | 农药英文名 | 农药名称 | 欧盟 | | |
|---|---|---|---|---|---|
| | | | 食品名称 | 食品英文名称 | 限量（mg/kg） |
| 194 | fenpropathrin | 甲氰菊酯 | 葡萄 | grapes | 0.01* |
| 195 | fenpropidin（sum of fenpropidin and its salts，expressed as fenpropidin）（r）（a） | 苯锈啶 | 葡萄 | grapes | 0.01* |
| 196 | fenpropimorph | 丁苯吗啉 | 葡萄 | grapes | 0.05* |
| 197 | fenpyrazamine | 胺苯吡菌酮 | 葡萄 | grapes | 3 |
| 198 | fenpyroximate | 唑螨酯 | 葡萄 | grapes | 0.3 |
| 199 | fenthion（fenthion and its oxigen analogue，their sulfoxides and sulfone expressed as parent）（f） | 倍硫磷 | 葡萄 | grapes | 0.01* |
| 200 | fentin（fentin including its salts，expressed as triphenyltin cation）（f） | 三苯锡 | 葡萄 | grapes | 0.02* |
| 201 | fenvalerate and esfenvalerate | 氰戊菊酯和S-氰戊菊酯 | 葡萄 | grapes | 0.3 |
| 202 | fipronil［sum fipronil＋sulfone metabolite（mb46136）expressed as fipronil］（f） | 氟虫腈 | 葡萄 | grapes | 0.005* |
| 203 | flazasulfuron | 嘧啶磺隆 | 葡萄 | grapes | 0.01* |
| 204 | flonicamid：sum of flonicamid，tfna and tfng expressed as flonicamid（r） | 氟啶虫酰胺 | 葡萄 | grapes | 0.03* |
| 205 | florasulam | 麦喜为 | 葡萄 | grapes | 0.01* |
| 206 | fluazifop | 精吡氟禾草灵 | 葡萄 | grapes | 0.01* |
| 207 | fluazinam | 氟啶胺 | 葡萄 | grapes | 0.05* |
| 208 | flubendiamide | 氟苯虫酰胺 | 葡萄 | grapes | 2 |

（续）

| 序号 | 农药英文名 | 农药名称 | 欧盟 | | |
|---|---|---|---|---|---|
| | | | 食品名称 | 食品英文名称 | 限量（mg/kg） |
| 209 | flucycloxuron | 氟环脲 | 葡萄 | grapes | 0.01* |
| 210 | flucythrinate | 氟氰戊菊酯 | 葡萄 | grapes | 0.01* |
| 211 | fludioxonil | 咯菌腈 | 葡萄 | grapes | 5 |
| 212 | flufenacet（sum of all compounds containing the n fluorophenyl－n－isopropyl moiety expressed as flufenacet equivalent） | 氟噻草胺 | 葡萄 | grapes | 0.05* |
| 213 | flufenoxuron | 氟虫脲 | 葡萄 | grapes | 1 |
| 214 | flufenzin | 杀螨净 | 葡萄 | grapes | 0.02* |
| 215 | flumetralin | 氟节胺 | 葡萄 | grapes | 0.01* |
| 216 | flumioxazin | 丙炔氟草胺 | 葡萄 | grapes | 0.05* |
| 217 | fluometuron | 伏草隆 | 葡萄 | grapes | 0.01* |
| 218 | fluopicolide | 氟吡菌胺 | 葡萄 | grapes | 2 |
| 219 | fluopyram | 氟吡菌酰胺 | 葡萄 | grapes | 1.5 |
| 220 | fluoride ion | 氟离子 | 葡萄 | grapes | 2* |
| 221 | fluoroglycofene | 乙羧氟草醚 | 葡萄 | grapes | 0.01* |
| 222 | fluoxastrobin（sum of fluoxastrobin and its z－isomer）（r） | 氟嘧菌酯 | 葡萄 | grapes | 0.01* |
| 223 | flupyradifurone | 氟吡呋喃酮 | 葡萄 | grapes | 0.8 |
| 224 | flupyrsulfuron－methyl | 氟啶嘧磺隆 | 葡萄 | grapes | 0.02* |
| 225 | fluquinconazole | 氟喹唑 | 葡萄 | grapes | 0.1 |
| 226 | flurochloridone | 氟咯草酮 | 葡萄 | grapes | 0.1* |
| 227 | fluroxypyr（sum of fluroxypyr，its salts，its esters，and its conjugates，expressed as fluroxypyr）（r）（a） | 氯氟吡氧乙酸 | 葡萄 | grapes | 0.01* |

（续）

| 序号 | 农药英文名 | 农药名称 | 欧盟 | | |
|---|---|---|---|---|---|
| | | | 食品名称 | 食品英文名称 | 限量(mg/kg) |
| 228 | flurprimidole | 抑嘧醇 | 葡萄 | grapes | 0.01* |
| 229 | flurtamone | 呋草酮 | 葡萄 | grapes | 0.01* |
| 230 | flusilazole | 氟硅唑 | 葡萄 | grapes | 0.01* |
| 231 | flutolanil | 氟酰胺 | 葡萄 | grapes | 0.01* |
| 232 | flutriafol | 粉唑醇 | 葡萄 | grapes | 0.8 |
| 233 | fluvalinate | 氟胺氰菊酯 | 葡萄 | grapes | 1 |
| 234 | fluxapyroxad | 氟唑菌酰胺 | 葡萄 | grapes | 2 |
| 235 | folpet (sum of folpet and phtalimide, expressed as folpet) (r) | 灭菌丹 | 葡萄 | grapes | 6 |
| 236 | fomesafen | 氟磺胺草醚 | 葡萄 | grapes | 0.01* |
| 237 | foramsulfuron | 甲酰氨基嘧磺隆 | 葡萄 | grapes | 0.01* |
| 238 | forchlorfenuron | 氯吡脲 | 葡萄 | grapes | 0.01* |
| 239 | formetanate: sum of formetanate and its salts expressed as formetanate (hydrochloride) | 伐虫脒 | 葡萄 | grapes | 0.1 |
| 240 | formothion | 安果 | 葡萄 | grapes | 0.01* |
| 241 | fosetyl-aluminium | 三乙膦酸铝 | 葡萄 | grapes | 100 |
| 242 | fosthiazate | 噻唑膦 | 葡萄 | grapes | 0.02* |
| 243 | fuberidazole | 2 (2′-呋喃) -苯并咪唑 | 葡萄 | grapes | 0.01* |
| 244 | furfural | 糠醛 | 葡萄 | grapes | 1 |
| 245 | glufosinate-ammonium (sum of glufosinate, its salts, mpp and nag expressed as glufosinate equivalents) | 草胺磷 | 葡萄 | grapes | 0.15 |
| 246 | glyphosate | 草甘膦 | 葡萄 | grapes | 0.5 |

（续）

| 序号 | 农药英文名 | 农药名称 | 欧盟 | | |
|---|---|---|---|---|---|
| | | | 食品名称 | 食品英文名称 | 限量（mg/kg） |
| 247 | guazatine（guazatine acetate, sum of components) | 双胍盐 | 葡萄 | grapes | 0.05* |
| 248 | halauxifen-methyl [sum of halauxifen-methyl and x11393729 (halauxifen), expressed as halauxifen-methyl] | 氟氯吡啶酯 | 葡萄 | grapes | 0.02* |
| 249 | halosulfuron methyl | 氯吡嘧磺隆 | 葡萄 | grapes | 0.01* |
| 250 | haloxyfop [sum of haloxyfop, its esters, salts and conjugates expressed as haloxyfop (sum of the r- and s- isomers at any ratio)] (f) (r) | 氟吡甲禾灵 | 葡萄 | grapes | 0.01* |
| 251 | heptachlor (sum of heptachlor and heptachlor epoxide expressed as heptachlor) (f) | 七氯 | 葡萄 | grapes | 0.01* |
| 252 | hexachlorobenzene | 六氯苯 | 葡萄 | grapes | 0.01* |
| 253 | hexachlorocyclohexane (hch) | 六六六（HCH） | 葡萄 | grapes | 0.01* |
| 254 | hexaconazole | 已唑醇 | 葡萄 | grapes | 0.01* |
| 255 | hexythiazox | 噻螨酮 | 葡萄 | grapes | 1 |
| 256 | hymexazol | 噁霉灵 | 葡萄 | grapes | 0.05* |
| 257 | imazalil | 烯菌灵 | 葡萄 | grapes | 0.05* |
| 258 | imazamox (sum of imazamox and its salts, expressed as imazamox) | 甲氧咪草烟 | 葡萄 | grapes | 0.05* |
| 259 | imazapic | 甲咪唑烟酸 | 葡萄 | grapes | 0.01* |
| 260 | imazaquin | 咪唑喹啉酸 | 葡萄 | grapes | 0.05* |

（续）

| 序号 | 农药英文名 | 农药名称 | 欧盟 | | |
|---|---|---|---|---|---|
| | | | 食品名称 | 食品英文名称 | 限量(mg/kg) |
| 261 | imazosulfuron | 咪唑磺隆 | 葡萄 | grapes | 0.01* |
| 262 | imidacloprid | 吡虫啉 | 葡萄 | grapes | 1 |
| 263 | indolylacetic acid | 吲哚乙酸 | 葡萄 | grapes | 0.1* |
| 264 | indolylbutyric acid | 吲哚丁酸 | 葡萄 | grapes | 0.1* |
| 265 | indoxacarb (sum of indoxacarb and its r enantiomer) (f) | 茚虫威 | 葡萄 | grapes | 2 |
| 266 | iodosulfuron - methyl (sum of iodosulfuron - methyl and its salts, expressed as iodosulfuron - methyl) | 碘甲磺隆 | 葡萄 | grapes | 0.01* |
| 267 | ioxynil [sum of ioxynil, its salts and its esters, expressed as ioxynil (f)] | 碘苯腈 | 葡萄 | grapes | 0.01* |
| 268 | ipconazole | 种菌唑 | 葡萄 | grapes | 0.01* |
| 269 | iprodione | 异菌脲 | 葡萄 | grapes | 20 |
| 270 | iprovalicarb | 缬霉威 | 葡萄 | grapes | 2 |
| 271 | isoprothiolane | 稻瘟灵 | 葡萄 | grapes | 0.01* |
| 272 | isoproturon | 异丙隆 | 葡萄 | grapes | 0.01* |
| 273 | isopyrazam | 吡唑萘菌胺 | 葡萄 | grapes | 0.01* |
| 274 | isoxaben | 异噁草胺 | 葡萄 | grapes | 0.05 |
| 275 | isoxaflutole (sum of isoxaflutole and its diketonitrile - metabolite, expressed as isoxaflutole) | 异噁氟草 | 葡萄 | grapes | 0.02* |
| 276 | kresoxim - methyl | 醚菌酯 | 葡萄 | grapes | 1 |
| 277 | lactofen | 乳氟禾草灵 | 葡萄 | grapes | 0.01* |
| 278 | lambda - cyhalothrin | 三氟氯氰菊酯 | 葡萄 | grapes | 0.2 |

（续）

| 序号 | 农药英文名 | 农药名称 | 欧盟 | | |
|---|---|---|---|---|---|
| | | | 食品名称 | 食品英文名称 | 限量（mg/kg） |
| 279 | lenacil | 环草定 | 葡萄 | grapes | 0.1* |
| 280 | lindane [gamma - isomer of hexachlorocyclohexane (hch)] (f) | 林丹 | 葡萄 | grapes | 0.01* |
| 281 | linuron | 利谷隆 | 葡萄 | grapes | 0.05* |
| 282 | lufenuron | 虱螨脲 | 葡萄 | grapes | 1 |
| 283 | malathion (sum of malathion and malaoxon expressed as malathion) | 马拉硫磷 | 葡萄 | grapes | 0.02* |
| 284 | maleic hydrazide | 抑芽丹 | 葡萄 | grapes | 0.2* |
| 285 | mandestrobin | 甲氧基丙烯酸酯 | 葡萄 | grapes | 0.01* |
| 286 | mandipropamid | 双炔酰菌胺 | 葡萄 | grapes | 2 |
| 287 | MCPA and MCPB (mcpa, mcpb including their salts, esters and conjugates expressed as mcpa) (f) (r) | 二甲四氯和二甲四氯丁酸 | 葡萄 | grapes | 0.05* |
| 288 | mecarbam | 灭蚜磷 | 葡萄 | grapes | 0.01* |
| 289 | mecoprop (sum of mecoprop - p and mecoprop expressed as mecoprop) | 二甲四氯丙酸 | 葡萄 | grapes | 0.05* |
| 290 | mepanipyrim | 嘧菌胺 | 葡萄 | grapes | 2 |
| 291 | mepiquat chloride | 缩节胺 | 葡萄 | grapes | 0.02* |
| 292 | mepronil | 灭锈胺 | 葡萄 | grapes | 0.01* |
| 293 | meptyldinocap (sum of 2, 4 dnopc and 2,4 dnop expressed as meptyldinocap) | 硝苯菌酯 | 葡萄 | grapes | 1 |
| 294 | mercury compounds (sum of mercury compounds expressed as mercury) (f) | 汞化合物 | 葡萄 | grapes | 0.01* |

（续）

| 序号 | 农药英文名 | 农药名称 | 欧盟 | | |
|---|---|---|---|---|---|
| | | | 食品名称 | 食品英文名称 | 限量(mg/kg) |
| 295 | mesosulfuron－methyl | 甲基二磺隆 | 葡萄 | grapes | 0.01* |
| 296 | mesotrione | 硝磺草酮 | 葡萄 | grapes | 0.01* |
| 297 | metaflumizone | 氰氟虫腙 | 葡萄 | grapes | 0.05* |
| 298 | metalaxyl and metalaxyl－m [metalaxyl including other mixtures of constituent isomers including metalaxyl－m（sum of isomers）] | 甲霜灵和精甲霜灵 | 葡萄 | grapes | 2 |
| 299 | metaldehyde | 四聚乙醛 | 葡萄 | grapes | 0.05* |
| 300 | metamitron | 苯嗪草酮 | 葡萄 | grapes | 0.1* |
| 301 | metazachlor：sum of metabolites 479m04，479m08，479m16，expressed as metazachlor（r） | 吡唑草胺 | 葡萄 | grapes | 0.02* |
| 302 | metconazole（sum of isomers）（f） | 叶菌唑 | 葡萄 | grapes | 0.02* |
| 303 | methabenzthiazuron | 甲基苯噻隆 | 葡萄 | grapes | 0.01* |
| 304 | methacrifos | 虫螨畏 | 葡萄 | grapes | 0.01* |
| 305 | methamidophos | 甲胺磷 | 葡萄 | grapes | 0.01* |
| 306 | methidathion | 杀扑磷 | 葡萄 | grapes | 0.02* |
| 307 | methiocarb（sum of methiocarb and methiocarb sulfoxide and sulfone，expressed as methiocarb） | 甲硫威 | 葡萄 | grapes | 0.3 |
| 308 | methomyl and thiodicarb（sum of methomyl and thiodicarb expressed as methomyl） | 灭多威和硫双威 | 葡萄 | grapes | 0.02* |
| 309 | methoprene | 烯虫酯 | 葡萄 | grapes | 0.02* |
| 310 | methoxychlor | 甲氧滴滴涕 | 葡萄 | grapes | 0.01* |

（续）

| 序号 | 农药英文名 | 农药名称 | 欧盟 | | |
|---|---|---|---|---|---|
| | | | 食品名称 | 食品英文名称 | 限量（mg/kg） |
| 311 | methoxyfenozide | 甲氧虫酰肼 | 葡萄 | grapes | 1 |
| 312 | metolachlor and s - metolachlor [ metolachlor including other mixtures of constituent isomers including s - metolachlor (sum of isomers)] | 异丙甲草胺和精异丙甲草胺 | 葡萄 | grapes | 0.05* |
| 313 | metosulam | 磺草唑胺 | 葡萄 | grapes | 0.01* |
| 314 | metrafenone | 苯菌酮 | 葡萄 | grapes | 7 |
| 315 | metribuzin | 草克净 | 葡萄 | grapes | 0.1* |
| 316 | metsulfuron - methyl | 甲磺隆 | 葡萄 | grapes | 0.01* |
| 317 | mevinphos (sum of e - and z - isomers) | 速灭磷 | 葡萄 | grapes | 0.01* |
| 318 | milbemectin (sum of milbemycin a4 and milbemycin a3, expressed as milbemectin) | 密灭汀 | 葡萄 | grapes | 0.02* |
| 319 | molinate | 草达灭 | 葡萄 | grapes | 0.01* |
| 320 | monocrotophos | 久效磷 | 葡萄 | grapes | 0.01* |
| 321 | monolinuron | 绿谷隆 | 葡萄 | grapes | 0.01* |
| 322 | monuron | 灭草隆 | 葡萄 | grapes | 0.01* |
| 323 | myclobutanil | 腈菌唑 | 葡萄 | grapes | 1 |
| 324 | napropamide | 敌草胺 | 葡萄 | grapes | 0.1 |
| 325 | nicosulfuron | 烟嘧磺隆 | 葡萄 | grapes | 0.01* |
| 326 | nitrofen | 除草醚 | 葡萄 | grapes | 0.01* |
| 327 | novaluron | 双苯氟脲 | 葡萄 | grapes | 0.01* |
| 328 | orthosulfamuron | 嘧苯胺磺隆 | 葡萄 | grapes | 0.01* |
| 329 | oryzalin | 氨磺乐灵 | 葡萄 | grapes | 0.01* |

（续）

| 序号 | 农药英文名 | 农药名称 | 欧盟 | | |
|---|---|---|---|---|---|
| | | | 食品名称 | 食品英文名称 | 限量(mg/kg) |
| 330 | oxadiargyl | 稻思达 | 葡萄 | grapes | 0.01* |
| 331 | oxadiazon | 噁草灵 | 葡萄 | grapes | 0.05* |
| 332 | oxadixyl | 噁霜灵 | 葡萄 | grapes | 0.01* |
| 333 | oxamyl | 杀线威 | 葡萄 | grapes | 0.01* |
| 334 | oxasulfuron | 环氧嘧磺隆 | 葡萄 | grapes | 0.01* |
| 335 | oxycarboxin | 氧化萎锈灵 | 葡萄 | grapes | 0.01* |
| 336 | oxydemeton - methyl (sum of oxydemeton - methyl and demeton - s - methylsulfone expressed as oxydemeton - methyl) | 亚砜磷 | 葡萄 | grapes | 0.01* |
| 337 | oxyfluorfen | 乙氧氟草醚 | 葡萄 | grapes | 0.1 |
| 338 | paclobutrazol | 多效唑 | 葡萄 | grapes | 0.05 |
| 339 | paraffin oil | 石蜡油 | 葡萄 | grapes | 0.01* |
| 340 | paraquat | 百草枯 | 葡萄 | grapes | 0.02* |
| 341 | parathion | 对硫磷 | 葡萄 | grapes | 0.05* |
| 342 | parathion - methyl (sum of parathion - methyl and paraoxon - methyl expressed as parathion - methyl) | 甲基对硫磷 | 葡萄 | grapes | 0.01* |
| 343 | penconazole | 戊菌唑 | 葡萄 | grapes | 0.2 |
| 344 | pencycuron | 戊菌隆 | 葡萄 | grapes | 0.05* |
| 345 | pendimethalin | 二甲戊灵 | 葡萄 | grapes | 0.05* |
| 346 | penoxsulam | 五氟磺草胺 | 葡萄 | grapes | 0.01* |
| 347 | penthiopyrad | 吡噻菌胺 | 葡萄 | grapes | 0.01* |
| 348 | permethrin (sum of isomers) (f) | 氯菊酯 | 葡萄 | grapes | 0.05* |
| 349 | pethoxamid | 烯草胺 | 葡萄 | grapes | 0.01* |

（续）

| 序号 | 农药英文名 | 农药名称 | 欧盟 | | |
|---|---|---|---|---|---|
| | | | 食品名称 | 食品英文名称 | 限量（mg/kg） |
| 350 | petroleum oils（cas 92062－35－6） | 矿物油 | 葡萄 | grapes | 0.01* |
| 351 | phenmedipham | 苯敌草 | 葡萄 | grapes | 0.01* |
| 352 | phenothrin［phenothrin including other mixtures of constituent isomers（sum of isomers）］（f） | 苯醚菊酯 | 葡萄 | grapes | 0.02* |
| 353 | phorate（sum of phorate，its oxygen analogue and their sulfones expressed as phorate） | 甲拌磷 | 葡萄 | grapes | 0.01* |
| 354 | phosalone | 伏杀硫磷 | 葡萄 | grapes | 0.01* |
| 355 | phosmet（phosmet and phosmet oxon expressed as phosmet）（r） | 亚胺硫磷 | 葡萄 | grapes | 0.05* |
| 356 | phosphamidon | 磷胺 | 葡萄 | grapes | 0.01* |
| 357 | phosphines and phosphides：sum of aluminium phosphide，aluminium phosphine，magnesium phosphide，magnesium phosphine，zinc phosphide and zinc phosphine | 磷类化合物 | 葡萄 | grapes | 0.05 |
| 358 | phoxim | 辛硫磷 | 葡萄 | grapes | 0.01* |
| 359 | picloram | 氨氯吡啶酸 | 葡萄 | grapes | 0.01* |
| 360 | picolinafen | 氟吡酰草胺 | 葡萄 | grapes | 0.01* |
| 361 | picoxystrobin | 啶氧菌酯 | 葡萄 | grapes | 0.01* |
| 362 | pinoxaden | 唑啉草酯 | 葡萄 | grapes | 0.02* |
| 363 | pirimicarb | 抗蚜威 | 葡萄 | grapes | 0.01* |
| 364 | pirimiphos－methyl | 甲基虫螨磷 | 葡萄 | grapes | 0.01* |
| 365 | prochloraz and prochloraz－manganese chloride complex | 咪鲜胺和咪鲜胺锰盐 | 葡萄 | grapes | 0.05* |

（续）

| 序号 | 农药英文名 | 农药名称 | 欧盟 | | |
| --- | --- | --- | --- | --- | --- |
| | | | 食品名称 | 食品英文名称 | 限量 (mg/kg) |
| 366 | procymidone | 腐霉利 | 葡萄 | grapes | 0.01* |
| 367 | profenofos | 丙溴磷 | 葡萄 | grapes | 0.01* |
| 368 | profoxydim | 环苯草酮 | 葡萄 | grapes | 0.05* |
| 369 | prohexadione [prohexadione (acid) and its salts expressed as prohexadione - calcium] | 调环酸钙 | 葡萄 | grapes | 0.01* |
| 370 | propachlor: oxalinic derivate of propachlor, expressed as propachlor | 毒草胺 | 葡萄 | grapes | 0.02* |
| 371 | propamocarb and propamocarb hydrochloride | 霜霉威和霜霉威盐酸盐 | 葡萄 | grapes | 0.01* |
| 372 | propanil | 敌稗 | 葡萄 | grapes | 0.01* |
| 373 | propaquizafop | 喔草酯 | 葡萄 | grapes | 0.05* |
| 374 | propargite | 炔螨特 | 葡萄 | grapes | 0.01* |
| 375 | propham | 苯胺灵 | 葡萄 | grapes | 0.01* |
| 376 | propiconazole (sum of isomers) (f) | 丙环唑 | 葡萄 | grapes | 0.3 |
| 377 | propineb (expressed as propilendiamine) | 丙森锌 | 葡萄 | grapes | 1 |
| 378 | propisochlor | 异丙草胺 | 葡萄 | grapes | 0.01* |
| 379 | propoxur | 残杀威 | 葡萄 | grapes | 0.05* |
| 380 | propoxycarbazone (propoxycarbazone, its salts and 2 - hydroxypropoxycarbazone expressed as propoxycarbazone) | 丙苯磺隆 | 葡萄 | grapes | 0.02* |
| 381 | propyzamide | 炔苯酰草胺 | 葡萄 | grapes | 0.01* |

（续）

| 序号 | 农药英文名 | 农药名称 | 欧盟 | | |
|---|---|---|---|---|---|
| | | | 食品名称 | 食品英文名称 | 限量（mg/kg） |
| 382 | proquinazid | 丙氧喹啉 | 葡萄 | grapes | 0.5 |
| 383 | prosulfocarb | 苄草丹 | 葡萄 | grapes | 0.01* |
| 384 | prosulfuron | 三氟丙磺隆 | 葡萄 | grapes | 0.01* |
| 385 | prothioconazole：prothioconazole - desthio（sum of isomers）（f） | 丙硫菌唑 | 葡萄 | grapes | 0.01* |
| 386 | pymetrozine | 吡蚜酮 | 葡萄 | grapes | 0.02* |
| 387 | pyraclostrobin | 吡唑醚菌酯 | 葡萄 | grapes | 1 |
| 388 | pyraflufen - ethyl（sum of pyraflufen - ethyl and pyraflufen，expressed as pyraflufen - ethyl） | 吡草醚 | 葡萄 | grapes | 0.02* |
| 389 | pyrasulfotole | 磺酰草吡唑 | 葡萄 | grapes | 0.01* |
| 390 | pyrazophos | 吡菌磷 | 葡萄 | grapes | 0.01* |
| 391 | pyrethrins | 除虫菊素 | 葡萄 | grapes | 1 |
| 392 | pyridaben | 哒螨灵 | 葡萄 | grapes | 0.5 |
| 393 | pyridalyl | 三氟甲吡醚 | 葡萄 | grapes | 0.01* |
| 394 | pyridate［sum of pyridate，its hydrolysis product cl 9673（6 - chloro - 4 - hydroxy - 3 - phenylpyridazin）and hydrolysable conjugates of cl 9673 expressed as pyridate］ | 哒草特 | 葡萄 | grapes | 0.05* |
| 395 | pyrimethanil | 嘧霉胺 | 葡萄 | grapes | 5 |
| 396 | pyriofenone | 杀菌剂 | 葡萄 | grapes | 0.9 |
| 397 | pyriproxyfen | 吡丙醚 | 葡萄 | grapes | 0.05* |

（续）

| 序号 | 农药英文名 | 农药名称 | 欧盟 | | |
|---|---|---|---|---|---|
| | | | 食品名称 | 食品英文名称 | 限量(mg/kg) |
| 398 | pyroxsulam | 甲氧磺草胺 | 葡萄 | grapes | 0.01* |
| 399 | quinalphos | 喹硫磷 | 葡萄 | grapes | 0.01* |
| 400 | quinclorac | 二氯喹啉酸 | 葡萄 | grapes | 0.01* |
| 401 | quinmerac | 氯甲喹啉酸 | 葡萄 | grapes | 0.1* |
| 402 | quinoclamine | 灭藻醌 | 葡萄 | grapes | 0.01* |
| 403 | quinoxyfen | 喹氧灵 | 葡萄 | grapes | 1 |
| 404 | quintozene (sum of quintozene and pentachloro - aniline expressed as quintozene) (f) | 五氯硝基苯 | 葡萄 | grapes | 0.02* |
| 405 | quizalofop - ethyl | 喹禾灵 | 葡萄 | grapes | 0.05* |
| 406 | resmethrin | 苄呋菊酯 | 葡萄 | grapes | 0.01* |
| 407 | rimsulfuron | 砜嘧磺隆 | 葡萄 | grapes | 0.01* |
| 408 | rotenone | 鱼藤酮 | 葡萄 | grapes | 0.01* |
| 409 | saflufenacil (sum of saflufenacil, m800h11 and m800h35, expressed as saflufenacil) (r) | 苯嘧磺草胺 | 葡萄 | grapes | 0.03* |
| 410 | silthiofam | 硅噻菌胺 | 葡萄 | grapes | 0.01* |
| 411 | simazine | 西玛津 | 葡萄 | grapes | 0.2 |
| 412 | spinetoram | 乙基多杀菌素 | 葡萄 | grapes | 0.5 |
| 413 | spinosad (spinosad, sum of spinosyn a and spinosyn d) (f) | 多杀霉素 | 葡萄 | grapes | 0.5 |
| 414 | spirodiclofen | 螺螨酯 | 葡萄 | grapes | 2 |

（续）

| 序号 | 农药英文名 | 农药名称 | 欧盟 | | |
|---|---|---|---|---|---|
| | | | 食品名称 | 食品英文名称 | 限量（mg/kg） |
| 415 | spiromesifen | 螺甲螨酯 | 葡萄 | grapes | 0.02* |
| 416 | spirotetramat | 螺虫乙酯 | 葡萄 | grapes | 2 |
| 417 | spiroxamine（sum of isomers）(a)（r） | 螺环菌胺 | 葡萄 | grapes | 0.6 |
| 418 | sulcotrione | 磺草酮 | 葡萄 | grapes | 0.05* |
| 419 | sulfosulfuron | 磺酰磺隆 | 葡萄 | grapes | 0.01* |
| 420 | sulfoxaflor（sum of isomers） | 氟啶虫胺腈 | 葡萄 | grapes | 2 |
| 421 | sulfuryl fluoride | 硫酰氟 | 葡萄 | grapes | 0.01* |
| 422 | tebuconazole | 戊唑醇 | 葡萄 | grapes | 0.5 |
| 423 | tebufenozide | 虫酰肼 | 葡萄 | grapes | 3 |
| 424 | tebufenpyrad | 吡螨胺 | 葡萄 | grapes | 0.5 |
| 425 | tecnazene | 四氯硝基苯 | 葡萄 | grapes | 0.01* |
| 426 | teflubenzuron | 氟苯脲 | 葡萄 | grapes | 0.01* |
| 427 | tefluthrin | 七氟菊酯 | 葡萄 | grapes | 0.05 |
| 428 | tembotrione | 环磺酮 | 葡萄 | grapes | 0.02* |
| 429 | TEPP | 特普 | 葡萄 | grapes | 0.01* |
| 430 | tepraloxydim [sum of tepraloxydim and its metabolites that can be hydrolysed either to the moiety 3-(tetrahydro-pyran-4-yl)-glutaric acid or to the moiety 3-hydroxy-(tetrahydro-pyran-4-yl)-glutaric acid, expressed as tepraloxydim] | 吡喃草酮 | 葡萄 | grapes | 0.1* |

（续）

| 序号 | 农药英文名 | 农药名称 | 欧盟 | | |
|---|---|---|---|---|---|
| | | | 食品名称 | 食品英文名称 | 限量（mg/kg） |
| 431 | terbufos | 特丁硫磷 | 葡萄 | grapes | 0.01* |
| 432 | terbuthylazine | 特丁津 | 葡萄 | grapes | 0.1 |
| 433 | tetraconazole | 四氟醚唑 | 葡萄 | grapes | 0.5 |
| 434 | tetradifon | 三氯杀螨砜 | 葡萄 | grapes | 0.01* |
| 435 | thiabendazole | 噻菌灵 | 葡萄 | grapes | 0.05* |
| 436 | thiacloprid | 噻虫啉 | 葡萄 | grapes | 0.01* |
| 437 | thiamethoxam | 噻虫嗪 | 葡萄 | grapes | 0.4 |
| 438 | thifensulfuron - methyl | 噻吩磺隆 | 葡萄 | grapes | 0.01* |
| 439 | thiobencarb（4 - chlorobenzyl methyl sulfone）(a) | 禾草丹 | 葡萄 | grapes | 0.01* |
| 440 | thiophanate - methyl | 甲基硫菌灵 | 葡萄 | grapes | 0.1* |
| 441 | thiram（expressed as thiram） | 二硫四甲秋兰姆 | 葡萄 | grapes | 0.1* |
| 442 | tolclofos - methyl | 甲基立枯磷 | 葡萄 | grapes | 0.01* |
| 443 | tolylfluanid | 甲苯氟磺胺 | 葡萄 | grapes | 0.01* |
| 444 | topramezone（bas 670h） | 吡草磺 | 葡萄 | grapes | 0.01* |
| 445 | tralkoxydim（sum of the constituent isomers of tralkoxydim） | 三甲苯草酮 | 葡萄 | grapes | 0.01* |
| 446 | triadimefon and triadimenol（sum of triadimefon and triadimenol）(f) will be amended as triadimenol（any ratio of constituent isomers）by sante/10781/2016 | 三唑酮和三唑醇 | 葡萄 | grapes | 2 |
| 447 | tri - allate | 野麦畏 | 葡萄 | grapes | 0.1* |
| 448 | triasulfuron | 醚苯黄隆 | 葡萄 | grapes | 0.05* |

（续）

| 序号 | 农药英文名 | 农药名称 | 欧盟 | | |
|---|---|---|---|---|---|
| | | | 食品名称 | 食品英文名称 | 限量 (mg/kg) |
| 449 | triazophos | 三唑磷 | 葡萄 | grapes | 0.01* |
| 450 | tribenuron - methyl | 苯磺隆 | 葡萄 | grapes | 0.01* |
| 451 | trichlorfon | 敌百虫 | 葡萄 | grapes | 0.01* |
| 452 | triclopyr | 三氯吡氧乙酸 | 葡萄 | grapes | 0.1* |
| 453 | tricyclazole | 三环唑 | 葡萄 | grapes | 0.05* |
| 454 | tridemorph | 十三吗啉 | 葡萄 | grapes | 0.01* |
| 455 | trifloxystrobin | 肟菌酯 | 葡萄 | grapes | 3 |
| 456 | triflumizole | 氟菌唑 | 葡萄 | grapes | 3 |
| 457 | triflumuron | 杀铃脲 | 葡萄 | grapes | 0.2 |
| 458 | trifluralin | 氟乐灵 | 葡萄 | grapes | 0.01* |
| 459 | triflusulfuron | 氟胺磺隆 | 葡萄 | grapes | 0.02* |
| 460 | triforine | 嗪氨灵 | 葡萄 | grapes | 0.01* |
| 461 | trimethyl - sulfonium cation，resulting from the use of glyphosate（f） | 三甲基锍盐 | 葡萄 | grapes | 0.05* |
| 462 | trinexapac [sum of trinexapac（acid）and its salts，expressed as trinexapac] | 抗倒酯 | 葡萄 | grapes | 0.01* |
| 463 | triticonazole | 灭菌唑 | 葡萄 | grapes | 0.01* |
| 464 | tritosulfuron | 三氟甲磺隆 | 葡萄 | grapes | 0.01* |
| 465 | valifenalate | 缬菌胺 | 葡萄 | grapes | 0.2 |
| 466 | vinclozolin | 乙烯菌核利 | 葡萄 | grapes | 0.01* |
| 467 | warfarin | 杀鼠灵 | 葡萄 | grapes | 0.01* |
| 468 | ziram | 福美锌 | 葡萄 | grapes | 0.1* |
| 469 | zoxamide | 苯酰菌胺 | 葡萄 | grapes | 5 |

注：“*”表示限量值设在检出限。

# 附录3　欧盟酿酒葡萄农药残留限量标准

欧盟酿酒葡萄农药残留限量标准见附表3。

**附表3　欧盟酿酒葡萄农药残留限量标准**

| 序号 | 农药英文名 | 农药名称 | 欧盟 | | |
|---|---|---|---|---|---|
| | | | 食品名称 | 食品英文名称 | 限量(mg/kg) |
| 1 | 1,1 - dichloro - 2,2 - bis（4 - ethylphenyl）ethane（f） | 1,1 -二氯- 2,2 -二（4 -乙苯）乙烷 | 酿酒葡萄 | wine grapes | 0.01* |
| 2 | 1,2 - dibromoethane（ethylene dibromide）（f） | 1,2 -二溴乙烷 | 酿酒葡萄 | wine grapes | 0.01* |
| 3 | 1,2 - dichloroethane（ethylene dichloride）（f） | 1,2 -二氯乙烷 | 酿酒葡萄 | wine grapes | 0.01* |
| 4 | 1,3 - dichloropropene | 1,3 -二氯丙烯 | 酿酒葡萄 | wine grapes | 0.01* |
| 5 | 1 - methylcyclopropene | 1 -甲基环丙烯 | 酿酒葡萄 | wine grapes | 0.01* |
| 6 | 1 - naphthylacetamide and 1 - naphthylacetic acid（sum of 1 - naphthylacetamide and 1 - naphthylacetic acid and its salts，expressed as 1 - naphythlacetic acid） | 1 -萘乙酰胺 | 酿酒葡萄 | wine grapes | 0.06* |
| 7 | 2,4,5 - t（sum of 2,4,5 - t，its salts and esters，expressed as 2,4,5 - t）（f） | 2,4,5 -涕 | 酿酒葡萄 | wine grapes | 0.01* |
| 8 | 2,4 - D（sum of 2,4 - d，its salts，its esters and its conjugates，expressed as 2,4 - d） | 2,4 -滴和2,4 -滴钠盐 | 酿酒葡萄 | wine grapes | 0.1 |

（续）

| 序号 | 农药英文名 | 农药名称 | 欧盟 | | |
|---|---|---|---|---|---|
| | | | 食品名称 | 食品英文名称 | 限量(mg/kg) |
| 9 | 2,4 - DB (sum of 2,4 - db, its salts, its esters and its conjugates, expressed as 2,4 - db) (r) | 2,4-滴丁酸 | 酿酒葡萄 | wine grapes | 0.01* |
| 10 | 2 - amino - 4 - methoxy - 6 - (trifluormethyl) - 1,3,5 - triazine (amtt), resulting from the use of tritosulfuron (f) | 三氟甲磺隆代谢物 | 酿酒葡萄 | wine grapes | 0.01* |
| 11 | 2 - naphthyloxyacetic acid | 2-萘氧乙酸 | 酿酒葡萄 | wine grapes | 0.01* |
| 12 | 2 - phenylphenol | 2-苯基苯酚 | 酿酒葡萄 | wine grapes | 0.05* |
| 13 | 8 - hydroxyquinoline (sum of 8 - hydroxyquinoline and its salts, expressed as 8 - hydroxyquinoline) | 8-羟基喹啉 | 酿酒葡萄 | wine grapes | 0.01* |
| 14 | abamectin (sum of avermectin b1a, avermectin b1b and delta - 8, 9 isomer of avermectin b1a, expressed as avermectin b1a) (f) (r) | 阿维菌素 | 酿酒葡萄 | wine grapes | 0.01* |
| 15 | acephate | 乙酰甲胺磷 | 酿酒葡萄 | wine grapes | 0.01* |
| 16 | acequinocyl | 灭螨醌 | 酿酒葡萄 | wine grapes | 0.3 |
| 17 | acetamiprid (r) | 啶虫脒 | 酿酒葡萄 | wine grapes | 0.5 |
| 18 | acetochlor | 乙草胺 | 酿酒葡萄 | wine grapes | 0.01* |
| 19 | acibenzolar - s - methyl [sum of acibenzolar - s - methyl and acibenzolar acid (free and conjugated), expressed as acibenzolar - s - methyl] | 苯并噻二唑 | 酿酒葡萄 | wine grapes | 0.01* |
| 20 | aclonifen | 苯草醚 | 酿酒葡萄 | wine grapes | 0.05* |

（续）

| 序号 | 农药英文名 | 农药名称 | 欧盟 | | |
|---|---|---|---|---|---|
| | | | 食品名称 | 食品英文名称 | 限量(mg/kg) |
| 21 | acrinathrin (f) | 氟丙菊酯 | 酿酒葡萄 | wine grapes | 0.05* |
| 22 | alachlor | 甲草胺 | 酿酒葡萄 | wine grapes | 0.01* |
| 23 | aldicarb (sum of aldicarb, its sulfoxide and its sulfone, expressed as aldicarb) | 涕灭威 | 酿酒葡萄 | wine grapes | 0.02* |
| 24 | aldrin and dieldrin (aldrin and dieldrin combined expressed as dieldrin) (f) | 艾氏剂和狄氏剂 | 酿酒葡萄 | wine grapes | 0.01* |
| 25 | ametoctradin (r) | 唑嘧菌胺 | 酿酒葡萄 | wine grapes | 6 |
| 26 | amidosulfuron (a) (r) | 酰嘧磺隆 | 酿酒葡萄 | wine grapes | 0.01* |
| 27 | aminopyralid | 氯氨吡啶酸 | 酿酒葡萄 | wine grapes | 0.01* |
| 28 | amisulbrom | 吲唑磺菌胺 | 酿酒葡萄 | wine grapes | 0.5 |
| 29 | amitraz (amitraz including the metabolites containing the 2,4-dimethylaniline moiety expressed as amitraz) | 双甲脒 | 酿酒葡萄 | wine grapes | 0.05* |
| 30 | amitrole | 杀草强 | 酿酒葡萄 | wine grapes | 0.05 |
| 31 | anilazine | 敌菌灵 | 酿酒葡萄 | wine grapes | 0.01* |
| 32 | anthraquinone (f) | 蒽醌 | 酿酒葡萄 | wine grapes | 0.01* |
| 33 | aramite (f) | 杀螨特 | 酿酒葡萄 | wine grapes | 0.01* |
| 34 | asulam | 双氟磺草胺 | 酿酒葡萄 | wine grapes | 0.05* |
| 35 | atrazine (f) | 莠去津 | 酿酒葡萄 | wine grapes | 0.05* |
| 36 | azadirachtin | 印楝素 | 酿酒葡萄 | wine grapes | 1 |
| 37 | azimsulfuron | 四唑嘧磺隆 | 酿酒葡萄 | wine grapes | 0.01* |
| 38 | azinphos-ethyl (f) | 乙基谷硫磷 | 酿酒葡萄 | wine grapes | 0.02* |
| 39 | azinphos-methyl (f) | 保棉磷 | 酿酒葡萄 | wine grapes | 0.05* |

（续）

| 序号 | 农药英文名 | 农药名称 | 欧盟 | | |
|---|---|---|---|---|---|
| | | | 食品名称 | 食品英文名称 | 限量 (mg/kg) |
| 40 | azocyclotin and cyhexatin (sum of azocyclotin and cyhexatin expressed as cyhexatin) | 三唑锡和三环锡 | 酿酒葡萄 | wine grapes | 0.3 |
| 41 | azoxystrobin | 嘧菌酯 | 酿酒葡萄 | wine grapes | 3 |
| 42 | barban (f) | 燕麦灵 | 酿酒葡萄 | wine grapes | 0.01* |
| 43 | beflubutamid | 乙酸异丁酯 | 酿酒葡萄 | wine grapes | 0.02* |
| 44 | benalaxyl including other mixtures of constituent isomers including benalaxyl－m (sum of isomers) | 苯霜灵 | 酿酒葡萄 | wine grapes | 0.3 |
| 45 | benfluralin (f) | 氟草胺 | 酿酒葡萄 | wine grapes | 0.02* |
| 46 | bentazone [sum of bentazone, its salts and 6－hydroxy (free and conjugated) and 8－hydroxy bentazone (free and conjugated), expressed as bentazone] (r) | 灭草松 | 酿酒葡萄 | wine grapes | 0.03* |
| 47 | benthiavalicarb [benthiavalicarb－isopropyl (kif－230 r－l) and its enantiomer (kif－230s－d) and its diastereomers (kif－230s－l and kif－230 r－d), expressed as benthiavalicarb－isopropyl] (a) | 苯噻菌胺酯 | 酿酒葡萄 | wine grapes | 0.3 |
| 48 | benzalkonium chloride (mixture of alkylbenzyldimethylammonium chlorides with alkyl chain lengths of c8, c10, c12, c14, c16 and c18) | 杀藻胺 | 酿酒葡萄 | wine grapes | 0.1 |

（续）

| 序号 | 农药英文名 | 农药名称 | 欧盟 | | |
|---|---|---|---|---|---|
| | | | 食品名称 | 食品英文名称 | 限量(mg/kg) |
| 49 | benzovindiflupyr | 苯并烯氟菌唑 | 酿酒葡萄 | wine grapes | 0.01* |
| 50 | bifenazate (sum of bifenazate plus bifenazate - diazene expressed as bifenazate) (f) | 联苯肼酯 | 酿酒葡萄 | wine grapes | 0.7 |
| 51 | bifenox (f) | 治草醚 | 酿酒葡萄 | wine grapes | 0.01* |
| 52 | bifenthrin (f) | 联苯菊酯 | 酿酒葡萄 | wine grapes | 0.2 |
| 53 | biphenyl | 联苯 | 酿酒葡萄 | wine grapes | 0.01* |
| 54 | bitertanol (f) | 联苯三唑醇 | 酿酒葡萄 | wine grapes | 0.01* |
| 55 | bixafen (r) | 联苯吡菌胺 | 酿酒葡萄 | wine grapes | 0.01* |
| 56 | bone oil | 骨油 | 酿酒葡萄 | wine grapes | 0.01* |
| 57 | boscalid (f) (r) (a) | 啶酰菌胺 | 酿酒葡萄 | wine grapes | 5 |
| 58 | bromide ion | 溴离子 | 酿酒葡萄 | wine grapes | 20 |
| 59 | bromophos - ethyl (f) | 乙基溴硫磷 | 酿酒葡萄 | wine grapes | 0.01* |
| 60 | bromopropylate (f) | 溴螨酯 | 酿酒葡萄 | wine grapes | 0.01* |
| 61 | bromoxynil and its salts, expressed as bromoxynil | 溴苯腈 | 酿酒葡萄 | wine grapes | 0.01* |
| 62 | bromuconazole (sum of diasteroisomers) (f) | 糠菌唑 | 酿酒葡萄 | wine grapes | 0.5 |
| 63 | bupirimate | 乙嘧酚磺酸酯 | 酿酒葡萄 | wine grapes | 1.5 |
| 64 | buprofezin (f) | 稻虱净 | 酿酒葡萄 | wine grapes | 1 |
| 65 | butralin | 地乐胺 | 酿酒葡萄 | wine grapes | 0.01* |
| 66 | butylate | 丁草敌 | 酿酒葡萄 | wine grapes | 0.01* |
| 67 | cadusafos | 硫线磷 | 酿酒葡萄 | wine grapes | 0.01* |
| 68 | camphechlor (toxaphene) (f) (r) | 毒杀芬 | 酿酒葡萄 | wine grapes | 0.01* |
| 69 | captafol (f) | 敌菌丹 | 酿酒葡萄 | wine grapes | 0.02* |

（续）

| 序号 | 农药英文名 | 农药名称 | 欧盟 | | |
|---|---|---|---|---|---|
| | | | 食品名称 | 食品英文名称 | 限量（mg/kg） |
| 70 | captan（sum of captan and thpi，expressed as captan）（r）（a） | 克菌丹 | 酿酒葡萄 | wine grapes | 0.02* |
| 71 | carbaryl（f） | 甲萘威 | 酿酒葡萄 | wine grapes | 0.01* |
| 72 | carbendazim and benomyl（sum of benomyl and carbendazim expressed as carbendazim）（r） | 多菌灵和苯菌灵 | 酿酒葡萄 | wine grapes | 0.5 |
| 73 | carbetamide | 双酰草胺 | 酿酒葡萄 | wine grapes | 0.05* |
| 74 | carbofuran [sum of carbofuran（including any carbofuran generated from carbosulfan，benfuracarb or furathiocarb）and 3 - oh carbofuran expressed as carbofuran]（r） | 克百威 | 酿酒葡萄 | wine grapes | 0.002* |
| 75 | carbon monoxide | 一氧化碳 | 酿酒葡萄 | wine grapes | 0.01* |
| 76 | carboxin | 呋喃威 | 酿酒葡萄 | wine grapes | 0.05* |
| 77 | carfentrazone - ethyl（determined as carfentrazone and expressed as carfentrazone - ethyl） | 唑草酮 | 酿酒葡萄 | wine grapes | 0.01* |
| 78 | chlorantraniliprole（dpx e - 2y45）（f） | 氯虫苯甲酰胺 | 酿酒葡萄 | wine grapes | 1 |
| 79 | chlorbenside（f） | 氯杀螨 | 酿酒葡萄 | wine grapes | 0.01* |
| 80 | chlorbufam（f） | 氯草灵 | 酿酒葡萄 | wine grapes | 0.01* |
| 81 | chlordane（sum of cis - and trans - chlordane）（f）（r） | 氯丹 | 酿酒葡萄 | wine grapes | 0.01* |
| 82 | chlordecone（f） | 十氯酮 | 酿酒葡萄 | wine grapes | 0.01* |
| 83 | chlorfenapyr | 虫螨腈 | 酿酒葡萄 | wine grapes | 0.01* |
| 84 | chlorfenson（f） | 杀螨酯 | 酿酒葡萄 | wine grapes | 0.01* |

（续）

| 序号 | 农药英文名 | 农药名称 | 欧盟 | | |
|---|---|---|---|---|---|
| | | | 食品名称 | 食品英文名称 | 限量(mg/kg) |
| 85 | chlorfenvinphos（f） | 毒虫畏 | 酿酒葡萄 | wine grapes | 0.01* |
| 86 | chloridazon（r）（sum of chloridazon and chloridazon-desphenyl，expressed as chloridazon） | 杀草敏 | 酿酒葡萄 | wine grapes | 0.1* |
| 87 | chlormequat | 矮壮素 | 酿酒葡萄 | wine grapes | 0.05* |
| 88 | chlorobenzilate（f） | 乙酯杀螨醇 | 酿酒葡萄 | wine grapes | 0.02* |
| 89 | chloropicrin | 氯化苦 | 酿酒葡萄 | wine grapes | 0.01* |
| 90 | chlorothalonil（r） | 百菌清 | 酿酒葡萄 | wine grapes | 3 |
| 91 | chlorotoluron | 绿麦隆 | 酿酒葡萄 | wine grapes | 0.01* |
| 92 | chloroxuron（f） | 枯草隆 | 酿酒葡萄 | wine grapes | 0.01* |
| 93 | chlorpropham（f）（r）（a） | 氯苯胺灵 | 酿酒葡萄 | wine grapes | 0.01* |
| 94 | chlorpyrifos（f） | 毒死蜱 | 酿酒葡萄 | wine grapes | 0.5 |
| 95 | chlorpyrifos-methyl（f） | 甲基毒死蜱 | 酿酒葡萄 | wine grapes | 0.2 |
| 96 | chlorsulfuron | 绿黄隆 | 酿酒葡萄 | wine grapes | 0.05* |
| 97 | chlorthal-dimethyl | 二甲基敌草索 | 酿酒葡萄 | wine grapes | 0.01* |
| 98 | chlorthiamid | 草克乐 | 酿酒葡萄 | wine grapes | 0.01* |
| 99 | chlozolinate（f） | 乙菌利 | 酿酒葡萄 | wine grapes | 0.01* |
| 100 | chromafenozide | 环虫酰肼 | 酿酒葡萄 | wine grapes | 1.5 |
| 101 | cinidon-ethyl（sum of cinidon ethyl and its e-isomer） | 吲哚酮草酯 | 酿酒葡萄 | wine grapes | 0.05* |
| 102 | clethodim（sum of sethoxydim and clethodim including degradation products calculated as sethoxydim） | 烯草酮 | 酿酒葡萄 | wine grapes | 0.5 |
| 103 | clodinafop and its s-isomers and their salts，expressed as clodinafop（f） | 炔草酸 | 酿酒葡萄 | wine grapes | 0.02* |

（续）

| 序号 | 农药英文名 | 农药名称 | 欧盟 | | |
|---|---|---|---|---|---|
| | | | 食品名称 | 食品英文名称 | 限量（mg/kg） |
| 104 | clofentezine（r） | 四螨嗪 | 酿酒葡萄 | wine grapes | 1 |
| 105 | clomazone | 异噁草松 | 酿酒葡萄 | wine grapes | 0.01* |
| 106 | clopyralid | 毕克草 | 酿酒葡萄 | wine grapes | 0.5 |
| 107 | clothianidin | 噻虫胺 | 酿酒葡萄 | wine grapes | 0.7 |
| 108 | copper compounds（copper） | 铜化合物 | 酿酒葡萄 | wine grapes | 50 |
| 109 | cyanamide including salts expressed as cyanamide | 氰胺 | 酿酒葡萄 | wine grapes | 0.01* |
| 110 | cyantraniliprole | 氰虫酰胺 | 酿酒葡萄 | wine grapes | 1.5 |
| 111 | cyazofamid | 氰霜唑 | 酿酒葡萄 | wine grapes | 2 |
| 112 | cyclanilide（f） | 环丙酸酰胺 | 酿酒葡萄 | wine grapes | 0.05* |
| 113 | cycloxydim including degradation and reaction products which can be determined as 3 -（3 - thianyl）glutaric acid s - dioxide（bh 517 - tgso2）and/or 3 - hydroxy - 3 -（3 - thianyl）glutaric acid s - dioxide（bh 517 - 5 - oh - tgso2）or methyl esters thereof，calculated in total as cycloxydim | 噻草酮 | 酿酒葡萄 | wine grapes | 0.5 |
| 114 | cyflufenamid：sum of cyflufenamid（z - isomer）and its e - isomer | 环氟菌胺 | 酿酒葡萄 | wine grapes | 0.15 |
| 115 | cyflumetofen | 丁氟螨酯 | 酿酒葡萄 | wine grapes | 0.6 |
| 116 | cyfluthrin［cyfluthrin including other mixtures of constituent isomers（sum of isomers）］（f） | 氟氯氰菊酯 | 酿酒葡萄 | wine grapes | 0.3 |
| 117 | cyhalofop - butyl | 氰氟草酯 | 酿酒葡萄 | wine grapes | 0.02* |

（续）

| 序号 | 农药英文名 | 农药名称 | 欧盟 | | |
|---|---|---|---|---|---|
| | | | 食品名称 | 食品英文名称 | 限量(mg/kg) |
| 118 | cymoxanil | 霜脲氰 | 酿酒葡萄 | wine grapes | 0.2 |
| 119 | cypermethrin [cypermethrin including other mixtures of constituent isomers (sum of isomers)] (f) | 氯氰菊酯 | 酿酒葡萄 | wine grapes | 0.5 |
| 120 | cyproconazole (f) | 环丙唑醇 | 酿酒葡萄 | wine grapes | 0.2 |
| 121 | cyprodinil (f) (r) | 嘧菌环胺 | 酿酒葡萄 | wine grapes | 3 |
| 122 | cyromazine | 灭蝇胺 | 酿酒葡萄 | wine grapes | 0.05* |
| 123 | dalapon | 茅草枯 | 酿酒葡萄 | wine grapes | 0.05* |
| 124 | daminozide [sum of daminozide and 1,1-dimethyl-hydrazine (udhm), expressed as daminozide] | 丁酰肼 | 酿酒葡萄 | wine grapes | 0.02* |
| 125 | dazomet (methylisothiocyanate resulting from the use of dazomet and metam) | 棉隆 | 酿酒葡萄 | wine grapes | 0.02* |
| 126 | DDT [sum of p, p′-ddt, o, p′-ddt, p-p′-dde and p, p′-tde (ddd) expressed as ddt] (f) | 滴滴涕 | 酿酒葡萄 | wine grapes | 0.05* |
| 127 | deltamethrin (cis-deltamethrin) (f) | 溴氰菊酯 | 酿酒葡萄 | wine grapes | 0.2 |
| 128 | desmedipham | 甲菌定 | 酿酒葡萄 | wine grapes | 0.01* |
| 129 | di-allate (sum of isomers) (f) | 燕麦敌 | 酿酒葡萄 | wine grapes | 0.01* |
| 130 | diazinon (f) | 二嗪磷 | 酿酒葡萄 | wine grapes | 0.01* |
| 131 | dicamba | 达诺杀 | 酿酒葡萄 | wine grapes | 0.05* |
| 132 | dichlobenil | 敌草腈 | 酿酒葡萄 | wine grapes | 0.01* |

（续）

| 序号 | 农药英文名 | 农药名称 | 欧盟 | | |
|---|---|---|---|---|---|
| | | | 食品名称 | 食品英文名称 | 限量(mg/kg) |
| 133 | dichlorprop [sum of dichlorprop (including dichlorprop - p)], its salts, esters and conjugates, expressed as dichlorprop (r) | 2,4-滴丙酸 | 酿酒葡萄 | wine grapes | 0.02* |
| 134 | dichlorvos | 敌敌畏 | 酿酒葡萄 | wine grapes | 0.01* |
| 135 | diclofop (sum diclofop - methyl and diclofop acid expressed as diclofop - methyl) | 二氯苯氧基丙酸 | 酿酒葡萄 | wine grapes | 0.05* |
| 136 | dicloran | 氯硝胺 | 酿酒葡萄 | wine grapes | 0.01* |
| 137 | dicofol (sum of p, p′ and o, p′ isomers) (f) | 三氯杀螨醇 | 酿酒葡萄 | wine grapes | 0.02* |
| 138 | didecyldimethylammonium chloride (mixture of alkyl - quaternary ammonium salts with alkyl chain lengths of c8, c10 and c12) | 双十烷基二甲基氯化铵 | 酿酒葡萄 | wine grapes | 0.1 |
| 139 | diethofencarb | 乙霉威 | 酿酒葡萄 | wine grapes | 0.9 |
| 140 | difenoconazole | 苯醚甲环唑 | 酿酒葡萄 | wine grapes | 3 |
| 141 | diflubenzuron (f) (r) | 除虫脲 | 酿酒葡萄 | wine grapes | 1 |
| 142 | diflufenican (f) | 吡氟酰草胺 | 酿酒葡萄 | wine grapes | 0.01* |
| 143 | difluoroacetic acid (dfa) | 二氟乙酸 | 酿酒葡萄 | wine grapes | 0.15 |
| 144 | dimethachlor | 二甲草胺 | 酿酒葡萄 | wine grapes | 0.02* |
| 145 | dimethenamid including other mixtures of constituent isomers including dimethenamid - p (sum of isomers) | 二甲吩草胺 | 酿酒葡萄 | wine grapes | 0.01* |
| 146 | dimethipin | 噻节因 | 酿酒葡萄 | wine grapes | 0.05* |

（续）

| 序号 | 农药英文名 | 农药名称 | 欧盟 | | |
|---|---|---|---|---|---|
| | | | 食品名称 | 食品英文名称 | 限量（mg/kg） |
| 147 | dimethoate（sum of dimethoate and omethoate expressed as dimethoate）will be amended as dimethoate by sante 11901/2016 | 乐果 | 酿酒葡萄 | wine grapes | 0.02* |
| 148 | dimethomorph（sum of isomers） | 烯酰吗啉 | 酿酒葡萄 | wine grapes | 3 |
| 149 | dimoxystrobin（r）（a） | 醚菌胺 | 酿酒葡萄 | wine grapes | 0.01* |
| 150 | diniconazole（sum of isomers） | 烯唑醇 | 酿酒葡萄 | wine grapes | 0.01* |
| 151 | dinocap（sum of dinocap isomers and their corresponding phenols expressed as dinocap）（f） | 敌螨普 | 酿酒葡萄 | wine grapes | 0.02* |
| 152 | dinoseb（sum of dinoseb，its salts，dinoseb - acetate and binapacryl，expressed as dinoseb） | 地乐酚 | 酿酒葡萄 | wine grapes | 0.02* |
| 153 | dinotefuran | 呋虫胺 | 酿酒葡萄 | wine grapes | 0.9 |
| 154 | dinoterb（sum of dinoterb，its salts and esters，expressed as dinoterb） | 特乐酚 | 酿酒葡萄 | wine grapes | 0.01* |
| 155 | dioxathion（sum of isomers）（f） | 敌杀磷 | 酿酒葡萄 | wine grapes | 0.01* |
| 156 | diphenylamine | 二苯胺 | 酿酒葡萄 | wine grapes | 0.05* |
| 157 | diquat | 敌草快 | 酿酒葡萄 | wine grapes | 0.01* |
| 158 | disulfoton（sum of disulfoton，disulfoton sulfoxide and disulfoton sulfone expressed as disulfoton）（f） | 乙拌磷 | 酿酒葡萄 | wine grapes | 0.01* |
| 159 | dithianon | 二氰蒽醌 | 酿酒葡萄 | wine grapes | 3 |

（续）

| 序号 | 农药英文名 | 农药名称 | 欧盟 | | |
|---|---|---|---|---|---|
| | | | 食品名称 | 食品英文名称 | 限量(mg/kg) |
| 160 | dithiocarbamates（dithiocarbamates expressed as cs2，including maneb，mancozeb，metiram，propineb，thiram and ziram） | 二硫代氨基甲酸酯 | 酿酒葡萄 | wine grapes | 5 |
| 161 | diuron | 敌草隆 | 酿酒葡萄 | wine grapes | 0.01* |
| 162 | DNOC | 二硝基邻甲酚 | 酿酒葡萄 | wine grapes | 0.01* |
| 163 | dodemorph | 吗菌灵 | 酿酒葡萄 | wine grapes | 0.01* |
| 164 | dodine | 多果定 | 酿酒葡萄 | wine grapes | 0.01* |
| 165 | emamectin benzoate b1a，expressed as emamectin | 甲氨基阿维菌素苯甲酸盐 | 酿酒葡萄 | wine grapes | 0.05 |
| 166 | endosulfan（sum of alpha - and beta - isomers and endosulfan - sulphate expresses as endosulfan）（f） | 硫丹 | 酿酒葡萄 | wine grapes | 0.05* |
| 167 | endrin（f） | 异狄氏剂 | 酿酒葡萄 | wine grapes | 0.01* |
| 168 | epoxiconazole（f） | 氟环唑 | 酿酒葡萄 | wine grapes | 0.05* |
| 169 | EPTC（ethyl dipropylthiocarbamate） | 丙草丹 | 酿酒葡萄 | wine grapes | 0.01* |
| 170 | ethalfluralin | 丁氟消草 | 酿酒葡萄 | wine grapes | 0.01* |
| 171 | ethametsulfuron - methyl | 胺苯磺隆 | 酿酒葡萄 | wine grapes | 0.01* |
| 172 | ethephon | 乙烯利 | 酿酒葡萄 | wine grapes | 2 |
| 173 | ethion | 乙硫磷 | 酿酒葡萄 | wine grapes | 0.01* |
| 174 | ethirimol | 乙嘧酚 | 酿酒葡萄 | wine grapes | 0.5 |
| 175 | ethofumesate（sum of ethofumesate，2 - keto - ethofumesate，open - ring - 2 - keto - ethofumesate and its conjugate，expressed as ethofumesate） | 乙呋草黄 | 酿酒葡萄 | wine grapes | 0.03* |

（续）

| 序号 | 农药英文名 | 农药名称 | 欧盟 | | |
|---|---|---|---|---|---|
| | | | 食品名称 | 食品英文名称 | 限量(mg/kg) |
| 176 | ethoprophos | 灭线磷 | 酿酒葡萄 | wine grapes | 0.02* |
| 177 | ethoxyquin (f) | 乙氧喹啉 | 酿酒葡萄 | wine grapes | 0.05* |
| 178 | ethoxysulfuron | 乙氧嘧磺隆 | 酿酒葡萄 | wine grapes | 0.01* |
| 179 | ethylene oxide (sum of ethylene oxide and 2-chloro-ethanol expressed as ethylene oxide) (f) | 环氧乙烷 | 酿酒葡萄 | wine grapes | 0.02* |
| 180 | etofenprox (f) | 醚菊酯 | 酿酒葡萄 | wine grapes | 5 |
| 181 | etoxazole | 乙螨唑 | 酿酒葡萄 | wine grapes | 0.5 |
| 182 | etridiazole | 氯唑灵 | 酿酒葡萄 | wine grapes | 0.05* |
| 183 | famoxadone (f) | 噁唑菌酮 | 酿酒葡萄 | wine grapes | 2 |
| 184 | fenamidone | 咪唑菌酮 | 酿酒葡萄 | wine grapes | 0.6 |
| 185 | fenamiphos (sum of fenamiphos and its sulphoxide and sulphone expressed as fenamiphos) | 苯线磷 | 酿酒葡萄 | wine grapes | 0.03 |
| 186 | fenarimol | 氯苯嘧啶醇 | 酿酒葡萄 | wine grapes | 0.3 |
| 187 | fenazaquin | 喹螨醚 | 酿酒葡萄 | wine grapes | 0.2 |
| 188 | fenbuconazole | 腈苯唑 | 酿酒葡萄 | wine grapes | 1 |
| 189 | fenbutatin oxide (f) | 苯丁锡 | 酿酒葡萄 | wine grapes | 2 |
| 190 | fenchlorphos (sum of fenchlorphos and fenchlorphos oxon expressed as fenchlorphos) | 皮蝇磷 | 酿酒葡萄 | wine grapes | 0.01* |
| 191 | fenhexamid (f) | 环酰菌胺 | 酿酒葡萄 | wine grapes | 15 |
| 192 | fenitrothion | 杀螟硫磷 | 酿酒葡萄 | wine grapes | 0.01* |
| 193 | fenoxaprop-p | 精噁唑禾草灵 | 酿酒葡萄 | wine grapes | 0.1 |
| 194 | fenoxycarb | 苯氧威 | 酿酒葡萄 | wine grapes | 1 |

（续）

| 序号 | 农药英文名 | 农药名称 | 欧盟 | | |
|---|---|---|---|---|---|
| | | | 食品名称 | 食品英文名称 | 限量(mg/kg) |
| 195 | fenpropathrin | 甲氰菊酯 | 酿酒葡萄 | wine grapes | 0.01* |
| 196 | fenpropidin（sum of fenpropidin and its salts，expressed as fenpropidin）（r）（a） | 苯锈啶 | 酿酒葡萄 | wine grapes | 0.01* |
| 197 | fenpropimorph（r） | 丁苯吗啉 | 酿酒葡萄 | wine grapes | 0.05* |
| 198 | fenpyrazamine | 胺苯吡菌酮 | 酿酒葡萄 | wine grapes | 3 |
| 199 | fenpyroximate（f） | 唑螨酯 | 酿酒葡萄 | wine grapes | 2 |
| 200 | fenthion（fenthion and its oxigen analogue，their sulfoxides and sulfone expressed as parent）（f） | 倍硫磷 | 酿酒葡萄 | wine grapes | 0.01* |
| 201 | fentin（fentin including its salts，expressed as triphenyltin cation）（f） | 三苯锡 | 酿酒葡萄 | wine grapes | 0.02* |
| 202 | fenvalerate [any ratio of constituent isomers（rr，ss，rs & sr）including esfenvalerate]（f）（r） | 氰戊菊酯 | 酿酒葡萄 | wine grapes | 0.3 |
| 203 | fipronil [sum fipronil + sulfone metabolite（mb46136）expressed as fipronil]（f） | 氟虫腈 | 酿酒葡萄 | wine grapes | 0.005* |
| 204 | flazasulfuron | 嘧啶磺隆 | 酿酒葡萄 | wine grapes | 0.01* |
| 205 | flonicamid：sum of flonicamid，tfna and tfng expressed as flonicamid（r） | 氟啶虫酰胺 | 酿酒葡萄 | wine grapes | 0.03* |
| 206 | florasulam | 麦喜为 | 酿酒葡萄 | wine grapes | 0.01* |
| 207 | fluazifop-p（sum of all the constituent isomers of fluazifop，its esters and its conjugates，expressed as fluazifop） | 精吡氟禾草灵 | 酿酒葡萄 | wine grapes | 0.01* |

（续）

| 序号 | 农药英文名 | 农药名称 | 欧盟 | | |
|---|---|---|---|---|---|
| | | | 食品名称 | 食品英文名称 | 限量（mg/kg） |
| 208 | fluazinam（f） | 氟啶胺 | 酿酒葡萄 | wine grapes | 3 |
| 209 | flubendiamide（f） | 氟苯虫酰胺 | 酿酒葡萄 | wine grapes | 2 |
| 210 | flucycloxuron（f） | 氟环脲 | 酿酒葡萄 | wine grapes | 0.01* |
| 211 | flucythrinate［flucythrinate including other mixtures of constituent isomers（sum of isomers）］（f） | 氟氰戊菊酯 | 酿酒葡萄 | wine grapes | 0.01* |
| 212 | fludioxonil（f）（r） | 咯菌腈 | 酿酒葡萄 | wine grapes | 4 |
| 213 | flufenacet（sum of all compounds containing the n fluorophenyl－n－isopropyl moiety expressed as flufenacet equivalent） | 氟噻草胺 | 酿酒葡萄 | wine grapes | 0.05* |
| 214 | flufenoxuron（f） | 氟虫脲 | 酿酒葡萄 | wine grapes | 2 |
| 215 | flufenzin | 杀螨净 | 酿酒葡萄 | wine grapes | 0.02* |
| 216 | flumetralin（f） | 氟节胺 | 酿酒葡萄 | wine grapes | 0.01* |
| 217 | flumioxazine | 丙炔氟草胺 | 酿酒葡萄 | wine grapes | 0.05* |
| 218 | fluometuron | 伏草隆 | 酿酒葡萄 | wine grapes | 0.01* |
| 219 | fluopicolide | 氟吡菌胺 | 酿酒葡萄 | wine grapes | 2 |
| 220 | fluopyram（r） | 氟吡菌酰胺 | 酿酒葡萄 | wine grapes | 1.5 |
| 221 | fluoride ion | 氟离子 | 酿酒葡萄 | wine grapes | 2* |
| 222 | fluoroglycofene | 乙羧氟草醚 | 酿酒葡萄 | wine grapes | 0.01* |
| 223 | fluoxastrobin（sum of fluoxastrobin and its z－isomer）（r） | 氟嘧菌酯 | 酿酒葡萄 | wine grapes | 0.01* |
| 224 | flupyradifurone | 氟吡呋喃酮 | 酿酒葡萄 | wine grapes | 0.8 |
| 225 | flupyrsulfuron－methyl | 氟啶嘧磺隆 | 酿酒葡萄 | wine grapes | 0.02* |
| 226 | fluquinconazole（f） | 氟喹唑 | 酿酒葡萄 | wine grapes | 0.5 |
| 227 | flurochloridone | 氟咯草酮 | 酿酒葡萄 | wine grapes | 0.1* |

（续）

| 序号 | 农药英文名 | 农药名称 | 欧盟 | | |
|---|---|---|---|---|---|
| | | | 食品名称 | 食品英文名称 | 限量 (mg/kg) |
| 228 | fluroxypyr (sum of fluroxypyr, its salts, its esters, and its conjugates, expressed as fluroxypyr) (r) (a) | 氯氟吡氧乙酸 | 酿酒葡萄 | wine grapes | 0.01* |
| 229 | flurprimidole | 抑嘧醇 | 酿酒葡萄 | wine grapes | 0.01* |
| 230 | flurtamone | 呋草酮 | 酿酒葡萄 | wine grapes | 0.01* |
| 231 | flusilazole (f) (r) | 氟硅唑 | 酿酒葡萄 | wine grapes | 0.01* |
| 232 | flutolanil (r) | 氟酰胺 | 酿酒葡萄 | wine grapes | 0.01* |
| 233 | flutriafol | 粉唑醇 | 酿酒葡萄 | wine grapes | 1.5 |
| 234 | fluxapyroxad | 氟唑菌酰胺 | 酿酒葡萄 | wine grapes | 2 |
| 235 | folpet (sum of folpet and phtalimide, expressed as folpet) (r) | 灭菌丹 | 酿酒葡萄 | wine grapes | 20 |
| 236 | fomesafen | 氟磺胺草醚 | 酿酒葡萄 | wine grapes | 0.01* |
| 237 | foramsulfuron | 甲酰氨基嘧磺隆 | 酿酒葡萄 | wine grapes | 0.01* |
| 238 | forchlorfenuron | 氯吡脲 | 酿酒葡萄 | wine grapes | 0.01* |
| 239 | formetanate: sum of formetanate and its salts expressed as formetanate (hydrochloride) | 伐虫脒 | 酿酒葡萄 | wine grapes | 0.1 |
| 240 | formothion | 安果 | 酿酒葡萄 | wine grapes | 0.01* |
| 241 | fosetyl - al (sum of fosetyl, phosphonic acid and their salts, expressed as fosetyl) | 三乙膦酸铝 | 酿酒葡萄 | wine grapes | 100 |
| 242 | fosthiazate | 噻唑磷 | 酿酒葡萄 | wine grapes | 0.02* |
| 243 | fuberidazole | 2 (2′-呋喃)-苯并咪唑 | 酿酒葡萄 | wine grapes | 0.01* |

（续）

| 序号 | 农药英文名 | 农药名称 | 欧盟 | | |
|---|---|---|---|---|---|
| | | | 食品名称 | 食品英文名称 | 限量 (mg/kg) |
| 244 | furfural | 糠醛 | 酿酒葡萄 | wine grapes | 1 |
| 245 | glufosinate - ammonium (sum of glufosinate, its salts, mpp and nag expressed as glufosinate equivalents) | 草胺磷 | 酿酒葡萄 | wine grapes | 0.15 |
| 246 | glyphosate | 草甘膦 | 酿酒葡萄 | wine grapes | 0.5 |
| 247 | guazatine (guazatine acetate, sum of components) | 双胍盐 | 酿酒葡萄 | wine grapes | 0.05* |
| 248 | halauxifen - methyl [sum of halauxifen - methyl and x11393729 (halauxifen), expressed as halauxifen - methyl] | 氟氯吡啶酯 | 酿酒葡萄 | wine grapes | 0.02* |
| 249 | halosulfuron methyl | 氯吡嘧磺隆 | 酿酒葡萄 | wine grapes | 0.01* |
| 250 | haloxyfop [sum of haloxyfop, its esters, salts and conjugates expressed as haloxyfop (sum of the r - and s - isomers at any ratio)] (f) (r) | 氟吡甲禾灵 | 酿酒葡萄 | wine grapes | 0.01* |
| 251 | heptachlor (sum of heptachlor and heptachlor epoxide expressed as heptachlor) (f) | 七氯 | 酿酒葡萄 | wine grapes | 0.01* |
| 252 | hexachlorobenzene (f) | 六氯苯 | 酿酒葡萄 | wine grapes | 0.01* |
| 253 | hexachlorocyclohexane (hch), sum of isomers, except the gamma isomer | 六六六 | 酿酒葡萄 | wine grapes | 0.01* |
| 254 | hexaconazole | 己唑醇 | 酿酒葡萄 | wine grapes | 0.01* |
| 255 | hexythiazox | 噻螨酮 | 酿酒葡萄 | wine grapes | 1 |

（续）

| 序号 | 农药英文名 | 农药名称 | 欧盟 | | |
|---|---|---|---|---|---|
| | | | 食品名称 | 食品英文名称 | 限量(mg/kg) |
| 256 | hymexazol | 噁霉灵 | 酿酒葡萄 | wine grapes | 0.05 * |
| 257 | imazalil | 烯菌灵 | 酿酒葡萄 | wine grapes | 0.05 * |
| 258 | imazamox (sum of imazamox and its salts, expressed as imazamox) | 甲氧咪草烟 | 酿酒葡萄 | wine grapes | 0.05 * |
| 259 | imazapic | 甲咪唑烟酸 | 酿酒葡萄 | wine grapes | 0.01 * |
| 260 | imazaquin | 咪唑喹啉酸 | 酿酒葡萄 | wine grapes | 0.05 * |
| 261 | imazosulfuron | 咪唑磺隆 | 酿酒葡萄 | wine grapes | 0.01 * |
| 262 | imidacloprid | 吡虫啉 | 酿酒葡萄 | wine grapes | 1 |
| 263 | indolylacetic acid | 吲哚乙酸 | 酿酒葡萄 | wine grapes | 0.1 * |
| 264 | indolylbutyric acid | 吲哚丁酸 | 酿酒葡萄 | wine grapes | 0.1 * |
| 265 | indoxacarb (sum of indoxacarb and its r enantiomer) (f) | 茚虫威 | 酿酒葡萄 | wine grapes | 2 |
| 266 | iodosulfuron - methyl (sum of iodosulfuron - methyl and its salts, expressed as iodosulfuron - methyl) | 碘甲磺隆 | 酿酒葡萄 | wine grapes | 0.01 * |
| 267 | ioxynil [sum of ioxynil, its salts and its esters, expressed as ioxynil (f)] | 碘苯腈 | 酿酒葡萄 | wine grapes | 0.01 * |
| 268 | ipconazole | 种菌唑 | 酿酒葡萄 | wine grapes | 0.01 * |
| 269 | iprodione (r) | 异菌脲 | 酿酒葡萄 | wine grapes | 20 |
| 270 | iprovalicarb | 缬霉威 | 酿酒葡萄 | wine grapes | 2 |
| 271 | isofetamid | 琥珀酸脱氢酶抑制剂类杀菌剂 | 酿酒葡萄 | wine grapes | 4 |

（续）

| 序号 | 农药英文名 | 农药名称 | 欧盟 | | |
|---|---|---|---|---|---|
| | | | 食品名称 | 食品英文名称 | 限量(mg/kg) |
| 272 | isoprothiolane | 稻瘟灵 | 酿酒葡萄 | wine grapes | 0.01* |
| 273 | isoproturon | 异丙隆 | 酿酒葡萄 | wine grapes | 0.01* |
| 274 | isopyrazam | 吡唑萘菌胺 | 酿酒葡萄 | wine grapes | 0.01* |
| 275 | isoxaben | 异噁草胺 | 酿酒葡萄 | wine grapes | 0.05 |
| 276 | isoxaflutole (sum of isoxaflutole and its diketonitrile-metabolite, expressed as isoxaflutole) | 异噁氟草 | 酿酒葡萄 | wine grapes | 0.02* |
| 277 | kresoxim-methyl (r) | 醚菌酯 | 酿酒葡萄 | wine grapes | 1 |
| 278 | lactofen | 乳氟禾草灵 | 酿酒葡萄 | wine grapes | 0.01* |
| 279 | lambda-cyhalothrin (f) (r) | 三氟氯氰菊酯 | 酿酒葡萄 | wine grapes | 0.2 |
| 280 | lenacil | 环草定 | 酿酒葡萄 | wine grapes | 0.1* |
| 281 | lindane [gamma-isomer of hexachlorocyclohexane (hch)] (f) | 林丹 | 酿酒葡萄 | wine grapes | 0.01* |
| 282 | linuron | 利谷隆 | 酿酒葡萄 | wine grapes | 0.05* |
| 283 | lufenuron (f) | 虱螨脲 | 酿酒葡萄 | wine grapes | 1 |
| 284 | malathion (sum of malathion and malaoxon expressed as malathion) | 马拉硫磷 | 酿酒葡萄 | wine grapes | 0.02* |
| 285 | maleic hydrazide | 抑芽丹 | 酿酒葡萄 | wine grapes | 0.2* |
| 286 | mandestrobin | 甲氧基丙烯酸酯 | 酿酒葡萄 | wine grapes | 0.01* |
| 287 | mandipropamid | 双炔酰菌胺 | 酿酒葡萄 | wine grapes | 2 |
| 288 | mcpa and mcpb (mcpa, mcpb including their salts, esters and conjugates expressed as mcpa) (f) (r) | 二甲四氯和二甲四氯丁酸 | 酿酒葡萄 | wine grapes | 0.05* |

（续）

| 序号 | 农药英文名 | 农药名称 | 欧盟 | | |
|---|---|---|---|---|---|
| | | | 食品名称 | 食品英文名称 | 限量(mg/kg) |
| 289 | mecarbam | 灭蚜磷 | 酿酒葡萄 | wine grapes | 0.01* |
| 290 | mecoprop (sum of mecoprop - p and mecoprop expressed as mecoprop) | 二甲四氯丙酸 | 酿酒葡萄 | wine grapes | 0.05* |
| 291 | mepanipyrim | 嘧菌胺 | 酿酒葡萄 | wine grapes | 2 |
| 292 | mepiquat (sum of mepiquat and its salts, expressed as mepiquat chloride) | 缩节胺 | 酿酒葡萄 | wine grapes | 0.02* |
| 293 | mepronil | 灭锈胺 | 酿酒葡萄 | wine grapes | 0.01* |
| 294 | meptyldinocap (sum of 2, 4 dnopc and 2, 4 dnop expressed as meptyldinocap) | 硝苯菌酯 | 酿酒葡萄 | wine grapes | 1 |
| 295 | mercury compounds (sum of mercury compounds expressed as mercury) (f) | 汞化合物 | 酿酒葡萄 | wine grapes | 0.01* |
| 296 | mesosulfuron - methyl | 甲基二磺隆 | 酿酒葡萄 | wine grapes | 0.01* |
| 297 | mesotrione | 硝磺草酮 | 酿酒葡萄 | wine grapes | 0.01* |
| 298 | metaflumizone (sum of e - and z - isomers) | 氰氟虫腙 | 酿酒葡萄 | wine grapes | 0.05* |
| 299 | metalaxyl and metalaxyl - m [metalaxyl including other mixtures of constituent isomers including metalaxyl - m (sum of isomers)] | 甲霜灵和精甲霜灵 | 酿酒葡萄 | wine grapes | 1 |
| 300 | metaldehyde | 四聚乙醛 | 酿酒葡萄 | wine grapes | 0.05* |
| 301 | metamitron | 苯嗪草酮 | 酿酒葡萄 | wine grapes | 0.1* |

（续）

| 序号 | 农药英文名 | 农药名称 | 欧盟 | | |
|---|---|---|---|---|---|
| | | | 食品名称 | 食品英文名称 | 限量（mg/kg） |
| 302 | metazachlor：sum of metabolites 479m04， 479m08， 479m16， expressed as metazachlor（r） | 吡唑草胺 | 酿酒葡萄 | wine grapes | 0.02* |
| 303 | metconazole（sum of isomers）（f） | 叶菌唑 | 酿酒葡萄 | wine grapes | 0.02* |
| 304 | methabenzthiazuron | 甲基苯噻隆 | 酿酒葡萄 | wine grapes | 0.01* |
| 305 | methacrifos | 虫螨畏 | 酿酒葡萄 | wine grapes | 0.01* |
| 306 | methamidophos | 甲胺磷 | 酿酒葡萄 | wine grapes | 0.01* |
| 307 | methidathion | 杀扑磷 | 酿酒葡萄 | wine grapes | 0.02* |
| 308 | methiocarb（sum of methiocarb and methiocarb sulfoxide and sulfone, expressed as methiocarb） | 甲硫威 | 酿酒葡萄 | wine grapes | 0.3 |
| 309 | methomyl and thiodicarb（sum of methomyl and thiodicarb expressed as methomyl） | 灭多威和硫双威 | 酿酒葡萄 | wine grapes | 0.5 |
| 310 | methoprene | 烯虫酯 | 酿酒葡萄 | wine grapes | 0.02* |
| 311 | methoxychlor（f） | 甲氧滴滴涕 | 酿酒葡萄 | wine grapes | 0.01* |
| 312 | methoxyfenozide（f） | 甲氧虫酰肼 | 酿酒葡萄 | wine grapes | 1 |
| 313 | metolachlor and s - metolachlor [metolachlor including other mixtures of constituent isomers including s - metolachlor（sum of isomers）] | 异丙甲草胺和精异丙甲草胺 | 酿酒葡萄 | wine grapes | 0.05* |
| 314 | metosulam | 磺草唑胺 | 酿酒葡萄 | wine grapes | 0.01* |
| 315 | metrafenone（f） | 苯菌酮 | 酿酒葡萄 | wine grapes | 7 |
| 316 | metribuzin | 草克净 | 酿酒葡萄 | wine grapes | 0.1* |
| 317 | metsulfuron - methyl | 甲磺隆 | 酿酒葡萄 | wine grapes | 0.01* |

（续）

| 序号 | 农药英文名 | 农药名称 | 欧盟 | | |
|---|---|---|---|---|---|
| | | | 食品名称 | 食品英文名称 | 限量(mg/kg) |
| 318 | mevinphos（sum of e－ and z－isomers） | 速灭磷 | 酿酒葡萄 | wine grapes | 0.01* |
| 319 | milbemectin（sum of milbemycin a4 and milbemycin a3，expressed as milbemectin） | 密灭汀 | 酿酒葡萄 | wine grapes | 0.02* |
| 320 | molinate | 草达灭 | 酿酒葡萄 | wine grapes | 0.01* |
| 321 | monocrotophos | 久效磷 | 酿酒葡萄 | wine grapes | 0.01* |
| 322 | monolinuron | 绿谷隆 | 酿酒葡萄 | wine grapes | 0.01* |
| 323 | monuron | 灭草隆 | 酿酒葡萄 | wine grapes | 0.01* |
| 324 | myclobutanyl（r） | 腈菌唑 | 酿酒葡萄 | wine grapes | 1 |
| 325 | napropamide | 敌草胺 | 酿酒葡萄 | wine grapes | 0.1 |
| 326 | nicosulfuron | 烟嘧磺隆 | 酿酒葡萄 | wine grapes | 0.01* |
| 327 | nitrofen（f） | 除草醚 | 酿酒葡萄 | wine grapes | 0.01* |
| 328 | novaluron（f） | 双苯氟脲 | 酿酒葡萄 | wine grapes | 0.01* |
| 329 | orthosulfamuron | 嘧苯胺磺隆 | 酿酒葡萄 | wine grapes | 0.01* |
| 330 | oryzalin（f） | 氨磺乐灵 | 酿酒葡萄 | wine grapes | 0.01* |
| 331 | oxadiargyl | 稻思达 | 酿酒葡萄 | wine grapes | 0.01* |
| 332 | oxadiazon | 噁草灵 | 酿酒葡萄 | wine grapes | 0.05* |
| 333 | oxadixyl | 噁霜灵 | 酿酒葡萄 | wine grapes | 0.01* |
| 334 | oxamyl | 杀线威 | 酿酒葡萄 | wine grapes | 0.01* |
| 335 | oxasulfuron | 环氧嘧磺隆 | 酿酒葡萄 | wine grapes | 0.01* |
| 336 | oxycarboxin | 氧化萎锈灵 | 酿酒葡萄 | wine grapes | 0.01* |
| 337 | oxydemeton－methyl（sum of oxydemeton－methyl and demeton－s－methylsulfone expressed as oxydemeton－methyl） | 亚砜磷 | 酿酒葡萄 | wine grapes | 0.01* |

（续）

| 序号 | 农药英文名 | 农药名称 | 欧盟 | | |
|---|---|---|---|---|---|
| | | | 食品名称 | 食品英文名称 | 限量（mg/kg） |
| 338 | oxyfluorfen | 乙氧氟草醚 | 酿酒葡萄 | wine grapes | 0.1 |
| 339 | paclobutrazol | 多效唑 | 酿酒葡萄 | wine grapes | 0.05 |
| 340 | paraffin oil（cas 64742－54－7） | 石蜡油 | 酿酒葡萄 | wine grapes | 0.01* |
| 341 | paraquat | 百草枯 | 酿酒葡萄 | wine grapes | 0.02* |
| 342 | parathion（f） | 对硫磷 | 酿酒葡萄 | wine grapes | 0.05* |
| 343 | parathion－methyl（sum of parathion－methyl and paraoxon－methyl expressed as parathion－methyl） | 甲基对硫磷 | 酿酒葡萄 | wine grapes | 0.01* |
| 344 | penconazole（f） | 戊菌唑 | 酿酒葡萄 | wine grapes | 0.2 |
| 345 | pencycuron（f） | 戊菌隆 | 酿酒葡萄 | wine grapes | 0.05* |
| 346 | pendimethalin（f） | 二甲戊灵 | 酿酒葡萄 | wine grapes | 0.05* |
| 347 | penoxsulam | 五氟磺草胺 | 酿酒葡萄 | wine grapes | 0.01* |
| 348 | penthiopyrad | 吡噻菌胺 | 酿酒葡萄 | wine grapes | 0.01* |
| 349 | permethrin（sum of isomers）（f） | 氯菊酯 | 酿酒葡萄 | wine grapes | 0.05* |
| 350 | pethoxamid | 烯草胺 | 酿酒葡萄 | wine grapes | 0.01* |
| 351 | petroleum oils（cas 92062－35－6） | 矿物油 | 酿酒葡萄 | wine grapes | 0.01* |
| 352 | phenmedipham | 苯敌草 | 酿酒葡萄 | wine grapes | 0.01* |
| 353 | phenothrin［phenothrin including other mixtures of constituent isomers（sum of isomers）］（f） | 苯醚菊酯 | 酿酒葡萄 | wine grapes | 0.02* |
| 354 | phorate（sum of phorate，its oxygen analogue and their sulfones expressed as phorate） | 甲拌磷 | 酿酒葡萄 | wine grapes | 0.01* |
| 355 | phosalone | 伏杀硫磷 | 酿酒葡萄 | wine grapes | 0.01* |

（续）

| 序号 | 农药英文名 | 农药名称 | 欧盟 | | |
|---|---|---|---|---|---|
| | | | 食品名称 | 食品英文名称 | 限量(mg/kg) |
| 356 | phosmet（phosmet and phosmet oxon expressed as phosmet）(r) | 亚胺硫磷 | 酿酒葡萄 | wine grapes | 0.05* |
| 357 | phosphamidon | 磷胺 | 酿酒葡萄 | wine grapes | 0.01* |
| 358 | phosphines and phosphides: sum of aluminium phosphide, aluminium phosphine, magnesium phosphide, magnesium phosphine, zinc phosphide and zinc phosphine | 磷类化合物 | 酿酒葡萄 | wine grapes | 0.05 |
| 359 | phoxim (f) | 辛硫磷 | 酿酒葡萄 | wine grapes | 0.01* |
| 360 | picloram | 氨氯吡啶酸 | 酿酒葡萄 | wine grapes | 0.01* |
| 361 | picolinafen | 氟吡酰草胺 | 酿酒葡萄 | wine grapes | 0.01* |
| 362 | picoxystrobin (f) | 啶氧菌酯 | 酿酒葡萄 | wine grapes | 0.01* |
| 363 | pinoxaden | 唑啉草酯 | 酿酒葡萄 | wine grapes | 0.02* |
| 364 | pirimicarb (r) | 抗蚜威 | 酿酒葡萄 | wine grapes | 0.01* |
| 365 | pirimiphos - methyl (f) | 甲基虫螨磷 | 酿酒葡萄 | wine grapes | 0.01* |
| 366 | prochloraz (sum of prochloraz and its metabolites containing the 2, 4, 6 - trichlorophenol moiety expressed as prochloraz) | 咪鲜胺 | 酿酒葡萄 | wine grapes | 0.05* |
| 367 | procymidone (r) | 腐霉利 | 酿酒葡萄 | wine grapes | 0.01* |
| 368 | profenofos (f) | 丙溴磷 | 酿酒葡萄 | wine grapes | 0.01* |
| 369 | profoxydim | 环苯草酮 | 酿酒葡萄 | wine grapes | 0.05* |
| 370 | prohexadione [prohexadione (acid) and its salts expressed as prohexadione - calcium] | 调环酸钙 | 酿酒葡萄 | wine grapes | 0.01* |
| 371 | propachlor: oxalinic derivate of propachlor, expressed as propachlor | 毒草胺 | 酿酒葡萄 | wine grapes | 0.02* |

（续）

| 序号 | 农药英文名 | 农药名称 | 欧盟 | | |
|---|---|---|---|---|---|
| | | | 食品名称 | 食品英文名称 | 限量(mg/kg) |
| 372 | propamocarb (sum of propamocarb and its salts, expressed as propamocarb) (r) | 霜霉威 | 酿酒葡萄 | wine grapes | 0.01* |
| 373 | propanil | 敌稗 | 酿酒葡萄 | wine grapes | 0.01* |
| 374 | propaquizafop | 喔草酯 | 酿酒葡萄 | wine grapes | 0.05* |
| 375 | propargite (f) | 炔螨特 | 酿酒葡萄 | wine grapes | 0.01* |
| 376 | propham | 苯胺灵 | 酿酒葡萄 | wine grapes | 0.01* |
| 377 | propiconazole (sum of isomers) (f) | 丙环唑 | 酿酒葡萄 | wine grapes | 0.3 |
| 378 | propineb (expressed as propilendiamine) | 丙森锌 | 酿酒葡萄 | wine grapes | 1 |
| 379 | propisochlor | 异丙草胺 | 酿酒葡萄 | wine grapes | 0.01* |
| 380 | propoxur | 残杀威 | 酿酒葡萄 | wine grapes | 0.05* |
| 381 | propoxycarbazone (a) (propoxycarbazone, its salts and 2-hydroxypropoxycarbazone expressed as propoxycarbazone) | 丙苯磺隆 | 酿酒葡萄 | wine grapes | 0.02* |
| 382 | propyzamide (f) (r) | 炔苯酰草胺 | 酿酒葡萄 | wine grapes | 0.01* |
| 383 | proquinazid (r) | 丙氧喹啉 | 酿酒葡萄 | wine grapes | 0.5 |
| 384 | prosulfocarb | 苄草丹 | 酿酒葡萄 | wine grapes | 0.01* |
| 385 | prosulfuron | 三氟丙磺隆 | 酿酒葡萄 | wine grapes | 0.01* |
| 386 | prothioconazole: prothioconazole-desthio (sum of isomers) (f) | 丙硫菌唑 | 酿酒葡萄 | wine grapes | 0.01* |
| 387 | pymetrozine (a) (r) | 吡蚜酮 | 酿酒葡萄 | wine grapes | 0.02* |
| 388 | pyraclostrobin (f) | 吡唑醚菌酯 | 酿酒葡萄 | wine grapes | 2 |
| 389 | pyraflufen-ethyl (a) (sum of pyraflufen-ethyl and pyraflufen, expressed as pyraflufen-ethyl) | 吡草醚 | 酿酒葡萄 | wine grapes | 0.02* |

（续）

| 序号 | 农药英文名 | 农药名称 | 欧盟 | | |
|---|---|---|---|---|---|
| | | | 食品名称 | 食品英文名称 | 限量(mg/kg) |
| 390 | pyrasulfotole | 磺酰草吡唑 | 酿酒葡萄 | wine grapes | 0.01* |
| 391 | pyrazophos（f） | 吡菌磷 | 酿酒葡萄 | wine grapes | 0.01* |
| 392 | pyrethrins | 除虫菊素 | 酿酒葡萄 | wine grapes | 1 |
| 393 | pyridaben（f） | 哒螨灵 | 酿酒葡萄 | wine grapes | 1 |
| 394 | pyridalyl | 三氟甲吡醚 | 酿酒葡萄 | wine grapes | 0.01* |
| 395 | pyridate [sum of pyridate，its hydrolysis product cl 9673（6－chloro－4－hydroxy－3－phenylpyridazin）and hydrolysable conjugates of cl 9673 expressed as pyridate] | 哒草特 | 酿酒葡萄 | wine grapes | 0.05* |
| 396 | pyrimethanil（r） | 嘧霉胺 | 酿酒葡萄 | wine grapes | 5 |
| 397 | pyriofenone | 杀菌剂 | 酿酒葡萄 | wine grapes | 0.2 |
| 398 | pyriproxyfen（f） | 吡丙醚 | 酿酒葡萄 | wine grapes | 0.05* |
| 399 | pyroxsulam | 甲氧磺草胺 | 酿酒葡萄 | wine grapes | 0.01* |
| 400 | quinalphos（f） | 喹硫磷 | 酿酒葡萄 | wine grapes | 0.01* |
| 401 | quinclorac | 二氯喹啉酸 | 酿酒葡萄 | wine grapes | 0.01* |
| 402 | quinmerac | 氯甲喹啉酸 | 酿酒葡萄 | wine grapes | 0.1* |
| 403 | quinoclamine | 灭藻醌 | 酿酒葡萄 | wine grapes | 0.01* |
| 404 | quinoxyfen（f） | 喹氧灵 | 酿酒葡萄 | wine grapes | 1 |
| 405 | quintozene（sum of quintozene and pentachloro－aniline expressed as quintozene）（f） | 五氯硝基苯 | 酿酒葡萄 | wine grapes | 0.02* |
| 406 | quizalofop，incl. quizalfop－p | 精喹禾灵 | 酿酒葡萄 | wine grapes | 0.05* |
| 407 | resmethrin [resmethrin including other mixtures of consituent isomers（sum of isomers）]（f） | 苄呋菊酯 | 酿酒葡萄 | wine grapes | 0.01* |

（续）

| 序号 | 农药英文名 | 农药名称 | 欧盟 | | |
|---|---|---|---|---|---|
| | | | 食品名称 | 食品英文名称 | 限量（mg/kg） |
| 408 | rimsulfuron | 砜嘧磺隆 | 酿酒葡萄 | wine grapes | 0.01* |
| 409 | rotenone | 鱼藤酮 | 酿酒葡萄 | wine grapes | 0.01* |
| 410 | saflufenacil（sum of saflufenacil，m800h11 and m800h35，expressed as saflufenacil）（r） | 苯嘧磺草胺 | 酿酒葡萄 | wine grapes | 0.03* |
| 411 | silthiofam | 硅噻菌胺 | 酿酒葡萄 | wine grapes | 0.01* |
| 412 | simazine | 西玛津 | 酿酒葡萄 | wine grapes | 0.01* |
| 413 | spinetoram（xde-175） | 多杀菌素 | 酿酒葡萄 | wine grapes | 0.5 |
| 414 | spinosad（spinosad，sum of spinosyn a and spinosyn d）（f） | 多杀霉素 | 酿酒葡萄 | wine grapes | 0.5 |
| 415 | spirodiclofen（f） | 螺螨酯 | 酿酒葡萄 | wine grapes | 0.2 |
| 416 | spiromesifen | 螺甲螨酯 | 酿酒葡萄 | wine grapes | 0.02* |
| 417 | spirotetramat and its 4 metabolites byi08330-enol，byi08330-ketohydroxy，byi08330-monohydroxy，and byi08330 enol-glucoside，expressed as spirotetramat（r） | 螺虫乙酯 | 酿酒葡萄 | wine grapes | 2 |
| 418 | spiroxamine（sum of isomers）（a）（r） | 螺环菌胺 | 酿酒葡萄 | wine grapes | 0.5 |
| 419 | sulcotrione | 磺草酮 | 酿酒葡萄 | wine grapes | 0.05* |
| 420 | sulfosulfuron | 磺酰磺隆 | 酿酒葡萄 | wine grapes | 0.01* |
| 421 | sulfoxaflor（sum of isomers） | 氟啶虫胺腈 | 酿酒葡萄 | wine grapes | 0.01* |
| 422 | sulfuryl fluoride | 硫酰氟 | 酿酒葡萄 | wine grapes | 0.01* |
| 423 | tau-fluvalinate（f） | 氟胺氰菊酯 | 酿酒葡萄 | wine grapes | 1 |
| 424 | tebuconazole（r） | 戊唑醇 | 酿酒葡萄 | wine grapes | 1 |

（续）

| 序号 | 农药英文名 | 农药名称 | 欧盟 | | |
|---|---|---|---|---|---|
| | | | 食品名称 | 食品英文名称 | 限量(mg/kg) |
| 425 | tebufenozide（f） | 虫酰肼 | 酿酒葡萄 | wine grapes | 3 |
| 426 | tebufenpyrad（f） | 吡螨胺 | 酿酒葡萄 | wine grapes | 0.5 |
| 427 | tecnazene（f） | 四氯硝基苯 | 酿酒葡萄 | wine grapes | 0.01* |
| 428 | teflubenzuron（f） | 氟苯脲 | 酿酒葡萄 | wine grapes | 0.01* |
| 429 | tefluthrin（f） | 七氟菊酯 | 酿酒葡萄 | wine grapes | 0.05 |
| 430 | tembotrione（r） | 环磺酮 | 酿酒葡萄 | wine grapes | 0.02* |
| 431 | TEPP | 特普 | 酿酒葡萄 | wine grapes | 0.01* |
| 432 | tepraloxydim [sum of tepraloxydim and its metabolites that can be hydrolysed either to the moiety 3 –（tetrahydro – pyran – 4 – yl）– glutaric acid or to the moiety 3 – hydroxy –（tetrahydro – pyran – 4 – yl）– glutaric acid，expressed as tepraloxydim] | 吡喃草酮 | 酿酒葡萄 | wine grapes | 0.1* |
| 433 | terbufos | 特丁硫磷 | 酿酒葡萄 | wine grapes | 0.01* |
| 434 | terbuthylazine | 特丁津 | 酿酒葡萄 | wine grapes | 0.1 |
| 435 | tetraconazole（f） | 四氟醚唑 | 酿酒葡萄 | wine grapes | 0.5 |
| 436 | tetradifon | 三氯杀螨砜 | 酿酒葡萄 | wine grapes | 0.01* |
| 437 | thiabendazole（r） | 噻菌灵 | 酿酒葡萄 | wine grapes | 0.05* |
| 438 | thiacloprid | 噻虫啉 | 酿酒葡萄 | wine grapes | 0.01* |
| 439 | thiamethoxam | 噻虫嗪 | 酿酒葡萄 | wine grapes | 0.4 |
| 440 | thifensulfuron – methyl | 噻吩磺隆 | 酿酒葡萄 | wine grapes | 0.01* |
| 441 | thiobencarb（4 – chlorobenzyl methyl sulfone）（a） | 禾草丹 | 酿酒葡萄 | wine grapes | 0.01* |
| 442 | thiophanate – methyl（r） | 甲基硫菌灵 | 酿酒葡萄 | wine grapes | 3 |
| 443 | thiram（expressed as thiram） | 二硫四甲秋兰姆 | 酿酒葡萄 | wine grapes | 3 |

（续）

| 序号 | 农药英文名 | 农药名称 | 欧盟 | | |
|---|---|---|---|---|---|
| | | | 食品名称 | 食品英文名称 | 限量(mg/kg) |
| 444 | tolclofos－methyl（f） | 甲基立枯磷 | 酿酒葡萄 | wine grapes | 0.01* |
| 445 | tolylfluanid（sum of tolylfluanid and dimethylaminosulfotoluidide expressed as tolylfluanid）（f）（r） | 甲苯氟磺胺 | 酿酒葡萄 | wine grapes | 0.01* |
| 446 | topramezone（bas 670h） | 吡草磺 | 酿酒葡萄 | wine grapes | 0.01* |
| 447 | tralkoxydim（sum of the constituent isomers of tralkoxydim） | 三甲苯草酮 | 酿酒葡萄 | wine grapes | 0.01* |
| 448 | triadimefon and triadimenol（sum of triadimefon and triadimenol）（f） will be amended as triadimenol（any ratio of constituent isomers） by sante/10781/2016 | 三唑酮和三唑醇 | 酿酒葡萄 | wine grapes | 2 |
| 449 | tri－allate | 野麦畏 | 酿酒葡萄 | wine grapes | 0.1* |
| 450 | triasulfuron | 醚苯黄隆 | 酿酒葡萄 | wine grapes | 0.05* |
| 451 | triazophos（f） | 三唑磷 | 酿酒葡萄 | wine grapes | 0.01* |
| 452 | tribenuron－methyl | 苯磺隆 | 酿酒葡萄 | wine grapes | 0.01* |
| 453 | trichlorfon | 敌百虫 | 酿酒葡萄 | wine grapes | 0.01* |
| 454 | triclopyr | 三氯吡氧乙酸 | 酿酒葡萄 | wine grapes | 0.1* |
| 455 | tricyclazole | 三环唑 | 酿酒葡萄 | wine grapes | 0.05* |
| 456 | tridemorph（f） | 十三吗啉 | 酿酒葡萄 | wine grapes | 0.01* |
| 457 | trifloxystrobin（a）（f）（r） | 肟菌酯 | 酿酒葡萄 | wine grapes | 3 |
| 458 | triflumizole：triflumizole and metabolite fm－6－1［n－（4－chloro－2－trifluoromethylphenyl）－n－propoxyacetamidine］, expressed as triflumizole（f） | 氟菌唑 | 酿酒葡萄 | wine grapes | 3 |

（续）

| 序号 | 农药英文名 | 农药名称 | 欧盟 | | |
|---|---|---|---|---|---|
| | | | 食品名称 | 食品英文名称 | 限量(mg/kg) |
| 459 | triflumuron (f) | 杀铃脲 | 酿酒葡萄 | wine grapes | 0.2 |
| 460 | trifluralin | 氟乐灵 | 酿酒葡萄 | wine grapes | 0.01* |
| 461 | triflusulfuron | 氟胺磺隆 | 酿酒葡萄 | wine grapes | 0.02* |
| 462 | triforine | 嗪氨灵 | 酿酒葡萄 | wine grapes | 0.01* |
| 463 | trimethyl - sulfonium cation, resulting from the use of glyphosate (f) | 三甲基锍盐 | 酿酒葡萄 | wine grapes | 0.05* |
| 464 | trinexapac [sum of trinexapac (acid) and its salts, expressed as trinexapac] | 抗倒酯 | 酿酒葡萄 | wine grapes | 0.01* |
| 465 | triticonazole | 灭菌唑 | 酿酒葡萄 | wine grapes | 0.01* |
| 466 | tritosulfuron | 三氟甲磺隆 | 酿酒葡萄 | wine grapes | 0.01* |
| 467 | valifenalate | 缬菌胺 | 酿酒葡萄 | wine grapes | 0.2 |
| 468 | vinclozolin | 乙烯菌核利 | 酿酒葡萄 | wine grapes | 0.01* |
| 469 | warfarin | 杀鼠灵 | 酿酒葡萄 | wine grapes | 0.01* |
| 470 | ziram | 福美锌 | 酿酒葡萄 | wine grapes | 0.1* |
| 471 | zoxamide | 苯酰菌胺 | 酿酒葡萄 | wine grapes | 5 |

注："*"表示限量值设在检出限。

# 附录 4　欧盟撤销登记的农药清单

欧盟撤销登记的农药清单见附表 4。

**附表 4　欧盟撤销登记的农药清单**

| 序号 | 农药英文名 | 农药名称 | 相关的法规 |
|---|---|---|---|
| 1 | (4E - 7Z) - 4,7 - tridecadien - 1 -yl - acetate | (4E - 7Z) - 4,7 -十三碳二烯-1 -基乙酸酯 | 2004/129 |

（续）

| 序号 | 农药英文名 | 农药名称 | 相关的法规 |
|---|---|---|---|
| 2 | (4Z - 9Z) - 7,9 - dodecadien -1 - ol | (4Z - 9Z) - 7,9 -十二碳二烯-1 -醇 | 2004/129 |
| 3 | (8E,10E) - 8,10 - dodecadiene 1 - yl acetate | (8E,10E) - 8,10 -十二碳二烯- 1 -基乙酸酯 | 2007/442 |
| 4 | (E) - 10 - dodecenyl acetate | (E) - 10 -十二碳烯基乙酸酯 | 2004/129 |
| 5 | (E) - 2 - methyl - 6 - methylene - 2,7 - octadien - 1 - ol (myrcenol) | (E) - 2 -甲基- 6 -亚甲基- 2,7 -辛二烯- 1 -醇（月桂烯） | 2007/442 |
| 6 | (E) - 2 - methyl - 6 - methylene - 3,7 - octadien - 2 - ol (isomyrcenol) | (E) - 2 -甲基- 6 -亚甲基- 3,7 -辛二烯- 2 -醇（异月桂烯） | Reg 647/2007 |
| 7 | (E,Z) - 8,10 - tetradecadienyl | (E,Z) - 8,10 -十四碳二烯基 | 2007/442 |
| 8 | (E,Z) - 9 - dodecenyl acetate (formerly trans - 9 - dodecyl acetate) | (E,Z) - 9 -十二碳烯基乙酸酯（以前 反- 9 -乙酸十二酯） | 2007/442 |
| 9 | (E/Z) - 9 - dodecen - 1 - ol | (E/Z) - 9 -十二碳烯- 1 -醇 | 2007/442 |
| 10 | (IR) - 1,3,3 - trimethyl - 4,6 - dioxatricyclo [3.3.1.02, 7] nonane | (IR) - 1,3,3 -三甲基- 4,6 -二氧杂三环 [3.3.1.02,7] 壬烷 | 2007/442 |
| 11 | (Z) - 11 - tetradecen - 1 - yl - acetate | (Z) - 11 -十四碳烯- 1 -基乙酸酯 | 2007/442 |
| 12 | (Z) - 3 - methyl - 6 - isopropenyl - 3,4 - decadien - 1 - yl | (Z) - 3 -甲基- 6 -异丙基- 3,4 -癸二烯- 1 -基 | 2004/129 |
| 13 | (Z) - 3 - methyl - 6 - isopropenyl - 9 - decen - 1 - yl acetate | (Z) - 3 -甲基- 6 -异丙基- 9 -癸烯- 1 -基乙酸酯 | 2004/129 |
| 14 | (Z) - 5 - dodecen - 1 - yl acetate | (Z) - 5 -十二碳烯- 1 -基 乙酸酯 | 2004/129 |
| 15 | (Z) - 7 - tetradecanole | (Z) - 7 -十四碳烯醇 | 2004/129 |
| 16 | (Z) - 9 - tricosene | (Z) - 9 -二十三碳烯 | 2004/129 |

（续）

| 序号 | 农药英文名 | 农药名称 | 相关的法规 |
|---|---|---|---|
| 17 | (Z,E) - 3,7,11 - trimethyl - 2,6,10 - dodecatrien - 1 - ol | (Z，E) - 3,7,11 -三甲基- 2,6,10 -十二碳三烯- 1 -醇 | Reg 647/2007 |
| 18 | (Z,Z) octadienyl acetate | (Z,Z) 辛二烯基乙酸酯 | 2004/129 |
| 19 | 1,3,5 - tri - (2 - hydroxyethyl)- hexa - hydro - s - triazyne | 1,3,5 -三（2 -羟乙基）-己-氢化- s -三嗪 | 2007/442 |
| 20 | 1,2 - dibromoethane | 1,2 -二溴乙丙 | 79/117 (87/171) |
| 21 | 1,2 - dichloroethane | 二氯化乙烯 | 79/117 (87/171) |
| 22 | 1,2 - dichloropropane | 1,2 -二氯丙烷 | 2002/2076 |
| 23 | 1,3 - dichloropropene | 1,3 -二氯丙烯 | |
| 24 | 1,3 - dichloropropene (cis) | 1,3 -二氯丙烯（顺式） | 2002/2076 |
| 25 | 1,3 - diphenyl urea | 1,2 -二苯基脲 | 2002/2076 |
| 26 | 1,7 - dioxaspiro - 5,5 - undecan | 1,7 -二氧杂螺［5,5］十一烷 | Reg 647/2007 |
| 27 | 1 - methoxy - 4 - propenyl- benzene (anethole) | 1 -甲氧基- 4 -丙烯基苯（茴香脑） | 2007/442 |
| 28 | 1 - methyl - 4 - isopropylidenecy- clohex - 1 - ene (terpinolene) | 1 -甲基- 4 -异亚丙基环己- 1 -烯（异松油烯/萜品油烯） | 2007/442 |
| 29 | 2 - (dithiocyanomethylthio) - benzothiazol | 2 -（二硫代氰甲基硫代）苯并噻唑 | 2002/2076 |
| 30 | 2,3,6 - TBA | 草芽平，三氯苯酸 | 2002/2076 |
| 31 | 2,4,5 - T | 2,4,5 -涕 | 2002/2076 |
| 32 | 2, 6, 6 - trimethylbicyclo (3.1.1) hept - 2 - en - 4 - ol | 2,6,6 -三甲基二环［3.1.1］庚- 2 -烯- 4 -醇 | 2007/442 |
| 33 | 2,6,6 - trimethylbicyclo [3.1.1] hept - 2 - ene (alpha - pinen) | 2,6,6 -三甲基二环［3.1.1］庚- 2 -烯（α -蒎烯） | 2007/442 |

（续）

| 序号 | 农药英文名 | 农药名称 | 相关的法规 |
|---|---|---|---|
| 34 | 2－aminobutane | 2－氨基丁烷 | 2002/2076 |
| 35 | 2－benzyl－4－chlorophenol | 2－苄基－4－氯苯酚 | 2002/2076 |
| 36 | 2－ethyl－1，6－dioxaspiro（4，4）nonan | 2－乙基－1，6－二氧杂螺（4，4）壬烷 | 2007/442 |
| 37 | 2－hydroxyethyl butyl sulfide | 2－羟乙基丁基硫醚 | 2007/442 |
| 38 | 2－mercaptobenzothiazole | 2－巯基苯并噻唑 | 2007/442 |
| 39 | 2－methoxy－5－nitrofenol sodium salt | 2－甲氧基－5－硝基苯酚钠 | 2007/442 |
| 40 | 2－methoxypropan－1－ol | 2－甲氧基丙醇 | 2007/442 |
| 41 | 2－methoxypropan－2－ol | 2－甲氧基丙－2－醇 | 2007/442 |
| 42 | 2－methyl－3－buten－2－ol | 2－甲基－3－丁烯－2－醇 | 2007/442 |
| 43 | 2－methyl－6－methylene－2，7－octadien－4－ol（ipsdienol） | 2－甲基－6－亚甲基－2，7－辛二烯－4－醇　（齿小蠹二烯醇） | 2007/442 |
| 44 | 2－methyl－6－methylene－7－octen－4－ol（ipsenol） | 2－甲基－6－亚甲基－7－辛烯－4－醇（小蠹烯醇） | 2007/442 |
| 45 | 2－naphthyloxyacetamide | 2－萘氧基乙酰胺 | 2007/442 |
| 46 | 2－propanol | 2 丙醇 | 2004/129 |
| 47 | 3（3－benzyloxycarbonyl－methyl）－2－benzothiazolinone（benzolinone） | 3（3－苄基琥珀酰亚胺碳酸酯 l-甲基）－2－苯并噻唑酮（苯并噻唑酮） | 2007/442 |
| 48 | 3，7，11－trimethyl－1，6，10－dodecatrien－3－ol（aka nerolidol） | 3，7，11－三甲基－1，6，10－十二碳三烯－3－醇（橙花叔醇） | 647/2007 |
| 49 | 3，7，7－trimethylbicyclo（4.1.0）hept－3－ene | 3，7，7－三甲基二环（4.1.0）庚－3－烯 | 2007/442 |

（续）

| 序号 | 农药英文名 | 农药名称 | 相关的法规 |
|---|---|---|---|
| 50 | 3,7 - dimethyl - 2,6 - octadien - 1 - ol（aka Geraniol） | 3,7 -二甲基- 2,6 -辛二烯- 1 -醇（香叶醇） | Reg 647/2007 |
| 51 | 3,7 - dimethyl - 2,6 - octadienal | 3,7 -二甲基- 2,6 -辛二烯醛 | 2004/129 |
| 52 | 3 - methyl - 3 - buten - 1 - ol | 3 -甲基- 3 -丁烯- 1 -醇 | 2007/442 |
| 53 | 3 - phenyl - 2 - propenal（cinnamaldehyde） | 3 -苯基- 2 -丙烯醛（肉桂醛） | 2007/442 |
| 54 | 4，6，6 - trimethyl - bicyclo（3.1.1）hept - 3 - en - ol，[（S）- cis - verbenol] | 4,6,6 -三甲基-二环（3.1.1）庚- 3 -烯醇 [（S）-顺式-马鞭烯醇] | 2007/442 |
| 55 | 4 - chloro - 3 - methylphenol | 4 -氯- 3 -甲酚 | 2004/129 |
| 56 | 4 - CPA（4 - chlorophenoxyaceticacid＝PCPA） | 对氯苯氧乙酸 | 2002/2076 |
| 57 | 4 - t - pentylphenol | 4 -叔戊基苯酚 | |
| 58 | 7,8 - epoxi - 2 - methyl - octadecane | 7,8 -环氧- 2 -甲基-十八烷 | 2004/129 |
| 59 | 7 - methyl - 3 - methylene - 7 - octene - 1 - yl - propionate | 7 -甲基- 3 -亚甲基- 7 -辛烯- 1 -基丙酸酯 | 2004/129 |
| 60 | 8 - hydroxyquinoline incl. oxyquinoleine | 8 -羟基喹啉硫酸盐 | 2006/797 |
| 61 | acephate | 乙酰甲胺磷 | 03/219/EC |
| 62 | acifluorfen | 三氟羧草醚 | 2002/2076 |
| 63 | acridinic bases | 丫啶碱 | 2004/129 |
| 64 | AD - 67 | 三氯丙烯胺 | |
| 65 | agrobacterium radiobacter K 84 | 放射野杆菌 K84 | 2007/442 |
| 66 | agrotis segetum granulosis virus | 黄地老虎颗粒体病毒（杀虫剂） | 2004/129 |
| 67 | alachlor | 甲草胺 | 06/966/EC |

（续）

| 序号 | 农药英文名 | 农药名称 | 相关的法规 |
|---|---|---|---|
| 68 | alanycarb | 棉铃威 | 02/311/EC |
| 69 | aldicarb | 涕灭威 | 03/199/EC |
| 70 | aldimorph | 4-十二烷基-2,6-二甲基吗啉 | 2002/2076 |
| 71 | aldrin | 艾氏剂 | 850/2004 |
| 72 | alkyl mercury compounds | 汞制剂 | 79/117 |
| 73 | alkyldimethylbenzyl ammonium chloride | 烷基-二甲基-苄氯化铵 | 2004/129 |
| 74 | alkyldimethylethylbenzylammonium chloride | 氯化烷基二甲基乙基苄基铵 | 2004/129 |
| 75 | alkyloxyl and aryl mercury cmpds | 烷氧基和芳基的汞化合物 | 79/117 |
| 76 | alkyltrimethyl ammonium chloride | 烷基三甲基氯化铵 | 2002/2076 |
| 77 | alkyltrimethylbenzyl ammonium chloride | 烷基三甲基苄基氯化铵 | 2002/2076 |
| 78 | allethrin | 丙烯菊酯 | 2002/2076 |
| 79 | alloxydim | 枯杀达，禾草灭 | 2002/2076 |
| 80 | allyl alcohol | 丙烯醇 | 2002/2076 |
| 81 | ametryn | 莠灭净 | 2002/2076 |
| 82 | amino acids：gamma aminobutyric acid | γ氨基丁酸 | 2007/442 |
| 83 | amino acids：L-glutamic acid | L-谷氨酸 | Reg 647/2007 |
| 84 | amino acids：L-tryptophan | L-色氨酸 | Reg 647/2007 |
| 85 | amino acids：mix | 氨基酸类化合物 | 2004/129 |
| 86 | amitraz | 双甲脒 | 04/141/EC |
| 87 | ammonium bituminosulfonate | 鱼石脂磺酸铵 | Reg 647/2007 |
| 88 | ammonium carbonate | 碳酸铵 | 2007/442 |
| 89 | ammonium hydroxyde | 氢氧化铵 | 2004/129 |

（续）

| 序号 | 农药英文名 | 农药名称 | 相关的法规 |
|---|---|---|---|
| 90 | ammonium sulphamate | 氨基磺酸铵 | 2006/797 |
| 91 | ammonium sulphate | 硫酸铵 | 2004/129 |
| 92 | ammonium thiocyanate | 硫氰酸铵 | |
| 93 | ampropylofos | 氯溴隆 | |
| 94 | ancymidol | 三环苯嘧醇 | 2002/2076 |
| 95 | anilazine | 防霉灵 | 2002/2076 |
| 96 | anthracene oil | 蒽油 | 2002/2076 |
| 97 | aschersonia aleyrodis | 粉虱座壳孢菌 | 2004/129 |
| 98 | asphalts | 柏油 | 2007/442 |
| 99 | atrazine | 莠去津 | 04/247/EC |
| 100 | aviglycine HCL | 艾维生长激素 | |
| 101 | azaconazole | 戊环唑 | 2002/2076 |
| 102 | azafenidin | 唑啶草酮 | 02/949/EC |
| 103 | azamethiphos | 甲基吡噁磷 | |
| 104 | azinphos ethyl | 乙基谷硫磷 | 95/276/EC |
| 105 | azinphos - methyl | 甲基谷硫磷 | Reg 1335/2005 |
| 106 | aziprotryne | 叠氮净 | 2002/2076 |
| 107 | bacillus sphaericus | 圆形芽孢杆菌 | 2007/442 |
| 108 | bacillus subtilis strain IBE 711 | 枯草杆菌 IBE 711 | 2007/442 |
| 109 | baculovirus GV | 杆状病毒 GV | 2007/442 |
| 110 | barban | 燕麦灵 | |
| 111 | barium fluosilicate | 氟硅酸钡 | 2002/2076 |
| 112 | Barium nitrate | 硝酸钡 | 2004/129 |
| 113 | barium polysulphide | 多硫化钡 | 2002/2076 |
| 114 | benazolin | 草除灵 | 2002/2076 |
| 115 | bendiocarb | 恶虫威 | |
| 116 | benfuracarb | 丙硫克百威 | |

（续）

| 序号 | 农药英文名 | 农药名称 | 相关的法规 |
|---|---|---|---|
| 117 | benfuresate | 呋草黄 | 2002/2076 |
| 118 | benodanil | 麦锈灵；邻碘酰苯胺 | 2002/2076 |
| 119 | benomyl | 苯菌灵 | 02/928/EC |
| 120 | benoxacor | 解草酮 | |
| 121 | bensulide | 地散磷 | 2002/2076 |
| 122 | bensultap | 杀虫磺 | 2002/2076 |
| 123 | bentaluron | 灭草特，环草敌 | 2002/2076 |
| 124 | benzalkonium chloride | 杀藻胺 | 2002/2076 |
| 125 | benzoximate | 苯螨特 | 2002/2076 |
| 126 | benzoylprop | 新燕灵 | 2002/2076 |
| 127 | benzthiazuron | 苯噻隆 | 2002/2076 |
| 128 | beta - cypermethrin | 高效氯氰菊酯 | |
| 129 | binapacryl | 乐杀螨 | 79/117 (90/533) |
| 130 | bioallethrin | 生物丙烯菊酯 | 2002/2076 |
| 131 | biohumus | | 2007/442 |
| 132 | bioresmethrin | 苄呋菊酯 | 2002/2076 |
| 133 | biphenyl | 联苯 | 2004/129 |
| 134 | bitumen | 沥青 | 2002/2076 |
| 135 | boric acid | 硼酸 | 2004/129 |
| 136 | hydroxynonyl - 2,6 - dinitrobenzene | 羟壬基- 2,6 -二硝基苯 | 2002/2076 |
| 137 | brodifacoum | 溴鼠灵 | 2007/442 |
| 138 | bromacil | 除草定 | 2002/2076 |
| 139 | bromethalin | 溴鼠胺 | 2004/129 |
| 140 | bromocyclen | 溴烯杀 | |
| 141 | bromofenoxim | 溴酚肟 | 2002/2076 |

（续）

| 序号 | 农药英文名 | 农药名称 | 相关的法规 |
| --- | --- | --- | --- |
| 142 | bromophos | 溴硫磷 | |
| 143 | bromophos - ethyl | 乙基溴硫磷 | |
| 144 | bromopropylate | 溴螨酯 | 2002/2076 |
| 145 | bronopol | 溴硝醇 | |
| 146 | butachlor | 丁草胺 | 2002/2076 |
| 147 | butocarboxim | 丁酮威 | |
| 148 | butoxycarboxim | 丁酮氧威 | |
| 149 | butylate | 异丁草丹，丁酸酯 | 2002/2076 |
| 150 | cadusafos（aka ebufos） | 硫线磷 | 2007/428 |
| 151 | calciferol | 钙化固醇 | 2004/129 |
| 152 | calcium carbonate（aka chalk） | 碳酸钙 | 2002/2076 |
| 153 | calcium chloride | 氯化钙 | 2007/442 |
| 154 | calcium hydroxide | 氢氧化钙，消石灰 | 2007/442 |
| 155 | calcium hydroxide （aka slake lime） | 氢化钙 | 2002/2076 |
| 156 | calcium oxide（quick lime） | 氧化钙 | 2002/2076 |
| 157 | calcium phosphate | 磷酸钙 | 2004/129 |
| 158 | camphechlor | 毒杀芬 | 79/117 (83/131) |
| 159 | caprylic acid | 钾盐 | |
| 160 | captafol | 敌菌丹 | 79/117 (90/533) |
| 161 | carbaryl | 西维因 | 2007/356 |
| 162 | carbofuran | 克百威 | 2007/416 |
| 163 | carbon disulphide | 二硫化碳 | 2002/2076 |
| 164 | carbophenothion | 三硫磷 | 2002/2076 |
| 165 | carbosulfan | 丁基克百威 | 2007/415 |

（续）

| 序号 | 农药英文名 | 农药名称 | 相关的法规 |
|---|---|---|---|
| 166 | cartap | 杀螟丹 | 2002/2076 |
| 167 | casein | 干酪素 | 2007/442 |
| 168 | cetrimide | 西曲溴胺 | 2002/2076 |
| 169 | chinomethionat（aka quinomethionate） | 灭螨猛 | 2002/2076 |
| 170 | chitosan | 几丁聚糖 | 2007/442 |
| 171 | chlomethoxyfen | 甲氧除草醚 | 2002/2076 |
| 172 | chloral - bis - acylal | 双酰基氢醛 | 2002/2076 |
| 173 | chloralose | 氯醛缩葡萄糖 | 2007/442 |
| 174 | chloral - semi - acetal | 萎灭净 | 2002/2076 |
| 175 | chloramben | 草灭平 | 2002/2076 |
| 176 | chlorbromuron | 绿秀隆 | 2002/2076 |
| 177 | chlorbufam | 氯草灵 | 2002/2076 |
| 178 | chlordane | 氯丹 | 850/2004 |
| 179 | chloretazate | 玉雄杀 | 2002/2076 |
| 180 | chlorfenapyr | 虫螨腈 | 01/697/EC |
| 181 | chlorfenprop | 燕麦酯 | 2002/2076 |
| 182 | chlorfenson（aka chlorfenizon） | 杀螨酯 | 2002/2076 |
| 183 | chlorfenvinphos | 毒虫畏 | 2002/2076 |
| 184 | chlorfluazuron | 氟啶脲 | 2002/2076 |
| 185 | chlorflurenol（chlorflurecol） | 整形醇 | 2002/2076 |
| 186 | chlorhydrate of poly（iminino imido biguanidine） | 氯化水合聚亚胺双胍 | 2004/129 |
| 187 | chlormephos | 氯甲硫磷 | 2002/2076 |
| 188 | chlorobenzilate | 乙酯杀螨醇 | 2002/2076 |
| 189 | chlorophacinone | 氯鼠酮 | 2007/442 |
| 190 | chlorophylline | 叶绿酸 | 2004/129 |

（续）

| 序号 | 农药英文名 | 农药名称 | 相关的法规 |
|---|---|---|---|
| 191 | chloropropylate | 丙酯杀螨醇 | 2002/2076 |
| 192 | chloroxuron | 枯草隆 | 2002/2076 |
| 193 | chlorphonium chloride | 氯化磷 | 2002/2076 |
| 194 | chlorthiamid | 氯硫酰草胺 | 2002/2076 |
| 195 | chlorthiophos | 氯甲硫磷 | 2002/2076 |
| 196 | chlozolinate | 乙菌利 | 00/626/EC |
| 197 | cholecalciferol | 胆钙化醇 | 2004/129 |
| 198 | choline chloride | 氯化胆碱 | 2004/129 |
| 199 | choline，K & Na salts of maleic hydrazide with > 1 mg/kg free hydrazine | 胆碱 | 79/117 (90/533) |
| 200 | cinosulfuron | 醚磺隆 | 2004/129 |
| 201 | cis - zeatin | cis -玉米素 | 2007/442 |
| 202 | citrus extract | 柑橘提取物 | Reg 647/2007 |
| 203 | citrus extract/grapefruit extract | 柑橘提取物/葡萄提取物 | 2007/442 |
| 204 | citrus extract/grapefruit seed extract | 柑橘提取物/葡萄籽提取物 | 2007/442 |
| 205 | clofencet | 苯哒嗪钾 | 2004/129 |
| 206 | cloquintocet mexyl | 解毒喹 | |
| 207 | conifer needle powder | 松针粉 | 2007/442 |
| 208 | copper complex：8 - hydroxyquinolin with salicylic acid | 8 -羟基喹啉铜 | 2007/442 |
| 209 | corn steep liquor | 玉米浆 | 2004/129 |
| 210 | coumachlor | 氯杀鼠灵 | 2004/129 |
| 211 | coumafuryl | 克灭鼠 | 2004/129 |
| 212 | coumatetralyl | 杀鼠迷 | 2004/129 |
| 213 | cresylic acid | 甲苯基酸 | 2005/303 |
| 214 | crimidine | 杀鼠嘧啶 | 2004/129 |

（续）

| 序号 | 农药英文名 | 农药名称 | 相关的法规 |
|---|---|---|---|
| 215 | cufraneb | 硫杂灵 | 2002/2076 |
| 216 | cumylphenol | 4-枯基酚 | 2007/442 |
| 217 | cyanazine | 草净津 | 2002/2076 |
| 218 | cyanides: calcium, hydrogen, sodium | 氰化物；络胺钠 | 2004/129 |
| 219 | cycloate | 草灭特 | 2002/2076 |
| 220 | cycluron | 环莠隆 | 2002/2076 |
| 221 | cyhalothrin | 三氟氯氰菊酯 | 94/643/EC |
| 222 | cyprofuram | 酯菌胺 | 2002/2076 |
| 223 | DADZ (zinc-dimethylditiocarbamate) | 二乙基二硫氨基甲酸酯锌 | 2002/2076 |
| 224 | dalapon | 茅草枯 | 2002/2076 |
| 225 | DDT | 滴滴涕 | 850/2004 |
| 226 | delta-endotoxin of bacillus thuringiensis | 苏云杆菌δ内毒素 | 2002/2076 |
| 227 | demeton-S-methyl | 甲基内吸磷 | 2002/2076 |
| 228 | demeton-S-methyl sulphone | 磺吸磷 | 2002/2076 |
| 229 | desmetryne | 敌草净 | 2002/2076 |
| 230 | di-1-p-menthene B470 | 二-1-对孟烯 B470 | Reg 647/2007 |
| 231 | diafenthiuron | 丁嘧脲 | 2002/2076 |
| 232 | dialifos | 氯亚胺硫磷 | 2002/2076 |
| 233 | di-allate | 燕麦敌 | 2002/2076 |
| 234 | diammonium phosphate | 硫酸氢二铵 | 2002/2076 |
| 235 | diazinon | 二嗪磷 | 2007/393 |
| 236 | dichlofenthion | 除线磷 | 2002/2076 |
| 237 | dichlofluanid | 抑菌灵 | 2002/2076 |
| 238 | dichlone | 二氯萘醌 | 2002/2076 |
| 239 | dichlorophen | 双氯酚 | 2005/303 |

（续）

| 序号 | 农药英文名 | 农药名称 | 相关的法规 |
|---|---|---|---|
| 240 | dichlorprop | 2,4-滴丙酸 | 2002/2076 |
| 241 | dichlorvos | 敌敌畏 | 2007/387 |
| 242 | diclobutrazol | 苄氯三唑醇 | 2002/2076 |
| 243 | dicofol（containing＜78% p，p′-dicofol or ＞1 g/kg DDT and DDT related cmpds） | 三氯杀螨醇 | 79/117 (90/533) |
| 244 | dicrotophos | 百治磷 | 2002/2076 |
| 245 | dicyclopentadiene | 二环戊二烯 | 2002/2076 |
| 246 | dieldrin | 狄氏剂 | 850/2004 |
| 247 | dienochlor | 除螨灵 | 2002/2076 |
| 248 | diethatyl（- ethyl） | 乙酰甲草胺 | 2002/2076 |
| 249 | difenoxuron | 枯莠隆 | 2002/2076 |
| 250 | difenzoquat | 野燕枯 | 2002/2076 |
| 251 | difethialone | 噻鼠灵 | 2004/129 |
| 252 | dikegulac | 敌草克 | 2002/2076 |
| 253 | dimefox | 甲氟磷 | 2002/2076 |
| 254 | dimefuron | 噁唑隆 | 2002/2076 |
| 255 | dimepiperate | 哌草丹 | 2002/2076 |
| 256 | dimethenamide | 二甲噻草胺 | 2006/1009 |
| 257 | dimethipin | 噻节因 | 2007/553 |
| 258 | dimethirimol | 二甲嘧酚 | 2002/2076 |
| 259 | dimexano | 草灭散 | 2002/2076 |
| 260 | dinitramine | 敌乐胺 | 2002/2076 |
| 261 | dinobuton | 消螨通 | 2002/2076 |
| 262 | dinoseb，its acetate and salts | 达诺杀 | 79/117 (90/533) |
| 263 | dinoterb | 特乐酚 | 98/269/EC |

（续）

| 序号 | 农药英文名 | 农药名称 | 相关的法规 |
|---|---|---|---|
| 264 | dioctyldimethyl ammonium chloride | 氯化二辛基二甲基铵 | 2004/129 |
| 265 | dioxacarb | 二氧威 | 2002/2076 |
| 266 | dioxathion | 敌杀磷 | 2002/2076 |
| 267 | diphacinone | 乱鼠 | 2004/129 |
| 268 | diphenamid (aka difenamide) | 双苯酰草胺 | 2002/2076 |
| 269 | disodium octaborate tetrahydrate | 氧化硼钠 | 2002/2076 |
| 270 | disulfoton | 乙拌磷 | 2002/2076 |
| 271 | ditalimfos | 灭菌磷 | 2002/2076 |
| 272 | diuron | 敌草隆 | 2007/417 |
| 273 | DNOC | 二硝酚 | 99/164/EC |
| 274 | drazoxolon | 肼菌酮 | 2002/2076 |
| 275 | E-9-Dodecen-1-yl acetate | (E)-9 十二碳烯-1-基乙酸酯 | 2007/442 |
| 276 | EDTA and its salts | 乙二胺四醋酸及其盐类 | 2007/442 |
| 277 | endosulfan | 硫丹 | 05/864/EC |
| 278 | endothal | 草燕灭 | 2002/2076 |
| 279 | endrin | 异狄氏剂 | 850/2004 |
| 280 | EPTC (ethyl dipropylthiocarbamate) | 菌草敌 | 2002/2076 |
| 281 | etacelasil | 乙烯硅 | 2002/2076 |
| 282 | ethanedial (glyoxal) | 乙二醛 | 2007/442 |
| 283 | ethanethiol | 乙硫醇 | 2004/129 |
| 284 | ethidimuron (aka sulfodiazol) | 磺噻隆 | 2002/2076 |
| 285 | ethiofencarb | 乙硫苯威 | 2002/2076 |
| 286 | ethion (aka diethion) | 乙硫磷 | 2002/2076 |
| 287 | ethirimol | 乙嘧酚 | 2002/2076 |

（续）

| 序号 | 农药英文名 | 农药名称 | 相关的法规 |
|---|---|---|---|
| 288 | ethoate - methyl | 益硫磷 | 2002/2076 |
| 289 | ethyl 2,4 - decadienoate | 2,4 -丙酯 | Reg 647/2007 |
| 290 | ethylene oxide | 环氧乙烷 | 79/117 (86/355) |
| 291 | ethylhexanoate | 乙酸乙酯 | 2004/129 |
| 292 | etrimfos | 乙氧嘧啶磷 | 2002/2076 |
| 293 | extender | 填充剂 | |
| 294 | extract from Menta piperita | 椒样薄荷提取物 | 2007/442 |
| 295 | extract from Plant; Red oak, Prickly pear cactus, Fragrant sumac, Red mangrove | 植物提取物；赤栎，棘梨子，仙人掌，香漆叶，红栲树 | 2007/442 |
| 296 | fatty acids/isobutyric acid | 异丁酸 | 2007/442 |
| 297 | fatty acids/isovaleric acid | 异戊酸，异缬草酸 | 2007/442 |
| 298 | fatty acids/valeric acid | 缬草酸 | 2007/442 |
| 299 | fatty acids: potassium salt | 辛酸（脂肪酸钾盐） | 2007/442 |
| 300 | fatty acids: potassium salt - tall oil fatty acid | 脂肪酸：妥尔油脂酸钾盐 | 2007/442 |
| 301 | fenaminosulf | 敌磺钠 | 2002/2076 |
| 302 | fenazaflor | 抗螨挫 | 2002/2076 |
| 303 | fenchlorazol | 解草唑 | 2002/2076 |
| 304 | fenchlorim | 异丙醇 | 2002/2076 |
| 305 | fenfuram | 甲呋酰苯胺 | 2002/2076 |
| 306 | fenitrothion | 杀螟硫磷 | 2007/379 |
| 307 | fenoprop | 2,4,5 -涕丙酸 | 2002/2076 |
| 308 | fenothiocarb | 苯硫威 | 2002/2076 |
| 309 | fenoxaprop | 噁唑禾草灵 | 2002/2076 |
| 310 | fenpiclonil | 拌种咯 | 2002/2076 |

（续）

| 序号 | 农药英文名 | 农药名称 | 相关的法规 |
|---|---|---|---|
| 311 | fenpropathrin | 甲氰菊酯 | 2002/2076 |
| 312 | fenridazon | 哒嗪抑雄素 | 2002/2076 |
| 313 | fenson（aka fenizon） | 除螨酯 | 2002/2076 |
| 314 | fenthion | 倍硫磷 | 04/140/EC |
| 315 | fenthiosulf | 呋菌胺 | 2002/2076 |
| 316 | fentin acetate | 薯瘟锡 | 02/478/EC |
| 317 | fentin hydroxide | 三苯基氢氧化锡 | 02/479/EC |
| 318 | fenuron | 非草隆 | 2002/2076 |
| 319 | fenvalerate | 氰戊菊酯 | 98/270/EC |
| 320 | ferbam | 福美铁 | 95/276/EC |
| 321 | flamprop | 麦草伏 | 2002/2076 |
| 322 | flamprop－M | 甲氟燕灵 | 2004/129/EC |
| 323 | flocumafen | 氟鼠酮（灭鼠剂） | 2004/129 |
| 324 | fluazifop | 吡氟禾草灵 | 2002/2076 |
| 325 | fluazolate（formerly isopropozole） | 异丙吡草酯 | 02/748/EC |
| 326 | flubenzimine | 氟螨噻 | 2002/2076 |
| 327 | flucycloxuron | 氟螨脲 | 2002/2076 |
| 328 | flucythrinate | 氟氰戊菊酯 | 2002/2076 |
| 329 | flufenzin | 氟螨嗪 | 2007/442 |
| 330 | flumequine | 氟甲喹 | 2002/2076 |
| 331 | flumethralin | 氟节胺 | 2002/2076 |
| 332 | flumetsulam | 氟唑嘧磺草胺 | 2007/442 |
| 333 | fluoroacetamide | 氟乙酰胺 | 2004/129 |
| 334 | fluorodifen | 三氟硝草醚 | 2002/2076 |
| 335 | fluoroglycofene | 氟草醚 | 2002/2076 |
| 336 | flupoxam | 氟胺草唑 | 2002/2076 |

（续）

| 序号 | 农药英文名 | 农药名称 | 相关的法规 |
|---|---|---|---|
| 337 | flurazol | 解草胺 | |
| 338 | flurenol（flurecol） | 抑草丁 | 2004/129/EC |
| 339 | fluridone | 氟啶草酮 | 2002/2076 |
| 340 | flusulfamide | 氟硫灭 | — |
| 341 | folic acid | 叶酸，维生素 $B_9$ | 2007/442 |
| 342 | fomesafen | 氟磺胺草醚 | 2002/2076 |
| 343 | fonofos | 地虫硫膦 | 2002/2076 |
| 344 | formaldehyde | 甲醛 | 2007/442 |
| 345 | formic acid | 蚁酸 | 2007/442 |
| 346 | formothion | 安硫磷 | 2002/2076 |
| 347 | fosamine | 调节磷 | 2002/2076 |
| 348 | fosthietan | 噻线膦 | 2002/2076 |
| 349 | furalaxyl | 呋霜灵 | 2002/2076 |
| 350 | furathiocarb | 呋线威 | 2002/2076 |
| 351 | furconazole | 呋醚唑 | 2002/2076 |
| 352 | furfural | 糠醛 | 2002/2076 |
| 353 | furmecyclox | 拌种胺 | 2002/2076 |
| 354 | garlic pulp | 大蒜提取物 | 2007/442 |
| 355 | gelatine | 骨胶 | 2007/442 |
| 356 | gentian violet | 龙胆紫 | 2002/2076 |
| 357 | glutaraldehyde（aka glutardialdehyde） | 戊二醛 | 2007/442 |
| 358 | grease（bands，fruit trees） | 润滑脂 | 2002/442 |
| 359 | halfenprox（aka brofenprox） | 苄螨醚 | 2002/2076 |
| 360 | haloxyfop | 吡氟氯禾灵 | 2002/2076 |
| 361 | haloxyfop-R | 高效吡氟乙草灵 | 2007/437 |
| 362 | HBTA（high boiling tar acid） | 碳酸类酸性消毒剂 | 2007/442 |

（续）

| 序号 | 农药英文名 | 农药名称 | 相关的法规 |
|---|---|---|---|
| 363 | HCH | 六六六 | 850/2004 |
| 364 | heptachlor | 七氯 | 850/2004 |
| 365 | heptenophos | 庚烯磷（二环庚磷） | 2002/2076 |
| 366 | hexachlorobenzene | 六氯苯 | 850/2004 |
| 367 | hexachlorophene | 六氯酚 | 2002/2076 |
| 368 | hexaconazole | 乙唑醇 | 2006/797 |
| 369 | hexaflumeron | 氟铃脲 | 2004/129/EC |
| 370 | hexamethylene tetramine（urotropin） | 六亚甲基四胺 | 2007/442 |
| 371 | hexazinone | 环嗪酮 | 2002/2076 |
| 372 | hydramethylnon | 氟蚁腙 | 2002/2076 |
| 373 | hydrogen peroxide | 过氧化氢 | 2007/442 |
| 374 | hydroxy-MCPA | 2-甲-4-氯苯氧乙酸 | 2002/2076 |
| 375 | hydroxyphenyl-salicylamide | 羟苯基水杨酰胺 | 2002/2076 |
| 376 | imazamethabenz | 咪草酯 | 2005/303/EC |
| 377 | imazapyr | 灭草烟 | 2002/2076 |
| 378 | imazethabenz | | 2002/2076 |
| 379 | imazethapyr | 咪唑乙烟酸 | 2004/129/EC |
| 380 | iminoctadine | 双胍辛胺 | 2002/2076 |
| 381 | iodofenphos | 碘硫磷 | 2002/2076 |
| 382 | iron pyrophosphate | 焦磷酸铁 | 2007/442 |
| 383 | isazofos | 氯唑磷 | 2002/2076 |
| 384 | isocarbamide | 丁脒胺 | 2002/2076 |
| 385 | isofenphos | 甲基异柳磷 | 2002/2076 |
| 386 | isolan | 异索威 | 2002/2076 |
| 387 | isopropalin | 异丙草二硝 | 2002/2076 |
| 388 | isoprothiolane | 稻瘟灵 | 2002/2076 |

（续）

| 序号 | 农药英文名 | 农药名称 | 相关的法规 |
|---|---|---|---|
| 389 | isoval | 杀鼠酮 | 2004/129 |
| 390 | isoxathion | 噁唑磷 | 2002/2076 |
| 391 | jasmonic acid | 素馨酮酸 | 2007/442 |
| 392 | karbutilate | 卡草灵 | 2002/2076 |
| 393 | kasugamycin | 春雷霉素 | 2005/303/EC |
| 394 | kinoprene | 烯虫炔酯 | 2002/2076 |
| 395 | lactic acid | 乳酸 | 2004/129 |
| 396 | lactofen | 乳氟禾草灵 | 2007/442 |
| 397 | lanolin | 羊毛脂 | 2007/442 |
| 398 | lauryldimethylbenzylammonium bromide | 溴化十二烷基二甲基苄基铵 | 2004/129 |
| 399 | lauryldimethylbenzylammonium chloride | 氯化十二烷基二甲基苄基铵 | 2004/129 |
| 400 | lecithin | 蛋黄素，卵磷脂 | 2007/442 |
| 401 | lime phosphate | 骨质磷酸钙 | 2004/129 |
| 402 | lindane | 林丹 | 00/801/EC |
| 403 | malathion | 马拉硫磷 | 2007/389 |
| 404 | maleic hydrazide and its salts, other than its choline, K and Na salts | 马来酰肼及其盐，其胆碱、钾和钠盐外 | 79/117 (90/533) |
| 405 | maltodextrin | 麦芽糊精 | Reg 647/2007 |
| 406 | mamestra brassica nuclear polyhedrosis virus | 甘蓝核多角体病毒 | 2004/129 |
| 407 | mancopper | 代森锰铜 | 2002/2076 |
| 408 | marigold extract | 万寿菊提取物 | Reg 647/2007 |
| 409 | mecarbam | 灭蚜磷 | 2002/2076 |
| 410 | mefenacet | 苯噻草胺 | 2002/2076 |

（续）

| 序号 | 农药英文名 | 农药名称 | 相关的法规 |
|---|---|---|---|
| 411 | mefenpyr | 吡咯二酸二乙酯 | 2002/2076 |
| 412 | mefluidide | 伏草胺 | 2004/401/EC |
| 413 | mephospholan | 保棉丰 | 2002/2076 |
| 414 | mepronil | 灭锈胺 | 2002/2076 |
| 415 | mercuric oxide | 氧化汞 | 79/117 |
| 416 | mercurous chloride（calomel） | 氯化亚汞；甘汞 | 79/117 |
| 417 | merphos（aka tributylphosphorotrithioite） | 三硫代亚磷酸三丁酯 | 2002/2076 |
| 418 | metalaxyl | 精甲霜灵 | 03/308/EC |
| 419 | methabenzthiazuron | 甲草本隆 | 2006/302 |
| 420 | methacrifos | 乙丁烯酰磷 | 2002/2076 |
| 421 | methazole | 草灭定 | 2002/2076 |
| 422 | methfuroxam | 呋菌胺 | 2002/2076 |
| 423 | methidathion | 杀扑磷 | 2004/129 |
| 424 | methoprene | 烯虫酯 | 2002/2076 |
| 425 | methoprothryne | 甲氧丙净 | 2002/2076 |
| 426 | methoxychlor | 甲氧滴滴涕 | 2002/2076 |
| 427 | methyl p－hydroxybenzoate | 对羟基苯甲酸甲酯 | 2007/442 |
| 428 | methylenebisthiocyanate | 亚甲基二硫氰酸酯 | 2002/2076 |
| 429 | methylisothiocyanate | 敌线酯 | 2002/2076 |
| 430 | methylnaphthylacetamide | 甲基萘乙酰亚胺 | 2002/2076 |
| 431 | methylnaphthylacetic acid | 甲基萘乙酸 | 2002/2076 |
| 432 | methyl－trans－6－nonenoate | 甲基-反-6壬烯酸酯 | 2004/129 |
| 433 | metobromuron | 秀谷隆 | 2002/2076 |
| 434 | metolachlor | 异丙甲草胺 | 2002/2076 |
| 435 | metoxuron | 甲氧隆 | 2002/2076 |
| 436 | metsulfovax | 噻菌胺 | 2002/2076 |

（续）

| 序号 | 农药英文名 | 农药名称 | 相关的法规 |
|---|---|---|---|
| 437 | mevinphos | 速灭磷 | 2002/2076 |
| 438 | milk albumin | 乳清蛋白 | 2007/442 |
| 439 | mimosa tenuiflora extract | 含羞草提取物 | Reg 647/2007 |
| 440 | monalide | 杀草利 | 2002/2076 |
| 441 | monocarbamide - dihydrogensulphate | 硫酸二氢单脲 | 2007/553 |
| 442 | monocrotophos | 久效磷 | 2002/2076 |
| 443 | monolinuron | 绿谷隆 | 00/234/EC |
| 444 | monuron | 灭莠 | 2002/2076 |
| 445 | MSMA（methyl arsonic acid） | 甲基砷酸钠盐 | 2002/2076 |
| 446 | mustard powder | 芥子粉 | 2007/442 |
| 447 | N,N - diallyl - 2,2 - dichloroacetamide | 二氯丙烯胺 | 2007/442 |
| 448 | nabam | 代森钠 | 2002/2076 |
| 449 | N - acetyl thiazolidin - 4 - carboxylic acid | N-乙酰噻唑-4-羧酸 | 2002/2076 |
| 450 | naled | 二溴磷 | 2005/788 |
| 451 | naphtalene | 萘 | 2004/129 |
| 452 | naphtylacetic acid hydrazide | α-萘乙酸酰肼 | 2002/2076 |
| 453 | naptalam | 抑草生 | 2002/2076 |
| 454 | neburon | 草不隆 | 2002/2076 |
| 455 | neodiprion sertifer nuclear polyhedrosis virus | 核多角病毒体 | 2007/442 |
| 456 | nitralin | 磺乐灵 | 2002/2076 |
| 457 | nitrofen | 除草醚 | 79/117（87/171） |
| 458 | nitrogen | 氮 | 2004/129 |

（续）

| 序号 | 农药英文名 | 农药名称 | 相关的法规 |
| --- | --- | --- | --- |
| 459 | nitrothal | 酞菌酯 | 2002/2076 |
| 460 | nonylphenol ether polyoxyethyleneglycol | 壬基酚聚乙二醇醚 | 2002/2076 |
| 461 | nonylphenol ethoxylate | 壬酚乙醇酯 | 2002/2076 |
| 462 | norflurazon | 哒草伏 | 2002/2076 |
| 463 | noruron | 草完隆 | 2002/2076 |
| 464 | N－phenylphthalamic acid | N-苯基邻氨甲酰苯甲酸 | 2007/442 |
| 465 | nuarimol | 氯苯嘧啶醇 | 2004/129/EC |
| 466 | octhilinone | 辛噻唑 | 2002/2076 |
| 467 | octyldecyldimethyl ammonium chloride | 氯化辛基癸基二甲基铵 | 2004/129 |
| 468 | ofurace | 甲呋酰胺 | 2002/2076 |
| 469 | monoglyceride | 甘油一酸酯 | 2007/442 |
| 470 | omethoate | 氧化乐果 | 2002/2076 |
| 471 | onion extract | 洋葱提取物 | 2004/129 |
| 472 | orbencarb | 坪草丹 | 2002/2076 |
| 473 | other inorganic mercury compounds | 其他非有机汞化合物 | 79/117 |
| 474 | oxadixyl | 噁霜灵 | 2002/2076 |
| 475 | oxine－copper | 喹啉酮 | 2002/2076 |
| 476 | oxycarboxin | 氧化萎锈灵 | 2002/2076 |
| 477 | oxydemeton－methyl | 砜吸磷 | 2007/392 |
| 478 | oxytetracycline | 土霉素/金霉素/四环素（总量） | 2002/2076 |
| 479 | papaine | 木瓜醇素 | 2004/129 |
| 480 | paraffin oil/（CAS 64741－88－4） | 石蜡油/（CAS 64741－88－4） | 2007/442 |
| 481 | paraffin oil/（CAS 64741－89－5） | 石蜡油/（CAS 64741－89－5） | 2007/442 |
| 482 | paraffin oil/（CAS 64741－97－5） | 石蜡油/（CAS 64741－97－5） | 2007/442 |

（续）

| 序号 | 农药英文名 | 农药名称 | 相关的法规 |
| --- | --- | --- | --- |
| 483 | paraffin oil/（CAS 64742－55－8） | 石蜡油/（CAS 64742－55－8） | 2007/442 |
| 484 | paraffin oil/（CAS 64742－65－0） | 石蜡油/（CAS 64742－65－0） | 2007/442 |
| 485 | paraffin oil/（CAS 8012－95－1） | 石蜡油/（CAS 8012－95－1） | 2007/442 |
| 486 | paraformaldehyde | 多聚甲醛 | 2002/2076 |
| 487 | paraquat | 百草枯 | Dir 03/112/EC |
| 488 | parathion | 对硫磷 | 01/520/EC |
| 489 | parathion－methyl | 甲基对硫磷 | 03/166/EC |
| 490 | p－chloronitrobenzene | 对硝基氯苯 | 2002/2076 |
| 491 | p－cresyl acetate | 乙酸对甲酚酯 | 2004/129 |
| 492 | p－dichlorobenzene | 对二氯苯；对二氯代苯 | 2004/129 |
| 493 | pebulate | 克草猛 | 2002/2076 |
| 494 | pentachlorophenol | 五氯苯酚 | 2002/2076 |
| 495 | pentanochlor | 蔬草灭 | 2002/2076 |
| 496 | peracetic acid | 过醋酸，过乙酸 | 2007/442 |
| 497 | perfluidone | 黄草呋 | 2002/2076 |
| 498 | permethrin | 氯菊酯 | 00/817/EC |
| 499 | petroleum oils | 矿物油 | 2007/442 |
| 500 | petroleum oils/（CAS 64742－55－8/64742－57－7） | 石油/（CAS 64742－55－8/64742－57－7） | 2007/442 |
| 501 | petroleum oils/（CAS 74 869－22－0） | 石油/（CAS 74 869－22－0） | 2007/442 |
| 502 | phenols | 苯酚 | 2002/2076 |
| 503 | phenothrin | 苯醚菊酯 | 2002/2076 |
| 504 | phenthoate | 稻丰散 | 2002/2076 |
| 505 | pherodim |  | 2004/129 |
| 506 | phorate | 甲拌磷 | 2002/2076 |
| 507 | phosalone | 伏杀硫磷 | 2006/1010 |

（续）

| 序号 | 农药英文名 | 农药名称 | 相关的法规 |
|---|---|---|---|
| 508 | phosametine | | 2002/2076 |
| 509 | phosphamidon | 磷胺 | 2002/2076 |
| 510 | phosphoric acid | 磷酸 | 2004/129 |
| 511 | phoxim | 辛硫磷 | 2007/442 |
| 512 | p－hydroxybenzoic acid | 对羟基苯酸；对羟基苯甲酸 | 2007/442 |
| 513 | piperonyl butoxide | 增效醚 | 2007/442 |
| 514 | pirimiphos－ethyl | 嘧啶磷 | 2002/2076 |
| 515 | plant oils/blackcurrant bud oil | 黑加仑子油 | Reg 647/2007 |
| 516 | plant oils/citronellol | 香茅醇 | 2007/442 |
| 517 | plant oils/coconut oil | 椰子油 | 2004/129 |
| 518 | plant oils/daphne oil | 瑞香油 | 2007/442 |
| 519 | plant oils/etheric oil（eugenol） | 丁香油 | 2007/442 |
| 520 | plant oils/eucalyptus oil | 植物油　桉树油 | Reg 647/2007 |
| 521 | plant oils/gaiac Wood oil | 愈创木油 | 2007/442 |
| 522 | plant oils/garlic oil | 大蒜油 | 2007/442 |
| 523 | plant oils/lemongrass oil | 香茅草油 | 2007/442 |
| 524 | plant oils/maize oil | 玉米油 | 2004/129 |
| 525 | plant oils/marjoram oil | 植物油　甘牛至油 | Reg 647/2007 |
| 526 | plant oils/olive oil | 橄榄油 | 2007/442 |
| 527 | plant oils/orange oil | 甜橙油 | 2007/442 |
| 528 | plant oils/peanut oil | 花生油 | 2004/129 |
| 529 | plant oils/pinus oil | 松针油 | 2007/442 |
| 530 | plant oils/soya oil | 大豆油 | 2007/442 |
| 531 | plant oils/soybean oil，epoxylated | 豆油 | 2004/129 |
| 532 | plant oils/sunflower oil | 葵花子油 | 2007/442 |
| 533 | plant oils/thyme oil | 植物油　麝香草油 | Reg 647/2007 |

（续）

| 序号 | 农药英文名 | 农药名称 | 相关的法规 |
|---|---|---|---|
| 534 | plant oils/ylang - Ylang oil | 依兰精油 | 2007/442 |
| 535 | polybutene | 聚丁烯 | 2007/442 |
| 536 | polymer of styrene and acrylamide | 聚苯乙烯和丙烯酰胺 | 2007/442 |
| 537 | polyoxin | 多氧霉素 | 2005/303/EC |
| 538 | polyvinyl acetate | 乙酸乙烯树脂 | Reg 647/2007 |
| 539 | potassium silicate | 磺酸钾 | 2002/2076 |
| 540 | potassium sorbate | 山梨酸钾 | 2004/129 |
| 541 | pretilachlor | 丙草胺 | 2004/129/EC |
| 542 | primisulfuron | 甲基氟嘧磺隆 | 2004/129/EC |
| 543 | profenofos | 丙溴磷 | 2002/2076 |
| 544 | promecarb | 猛杀威 | 2002/2076 |
| 545 | prometryne | 扑草净 | 2002/2076 |
| 546 | pronumone |  | 2004/129 |
| 547 | propazine | 扑灭津 | 2002/2076 |
| 548 | propetamphos | 烯虫磷 | 2002/2076 |
| 549 | propham | 苯胺灵 | 96/586/EC |
| 550 | propionic acid | 丙酸 | 2004/129 |
| 551 | propolis | 蜂胶 | 2007/442 |
| 552 | propoxur | 残杀威 | 2002/2076 |
| 553 | propyl - 3 - t - butylphenoxyacetate | 丙基- 3 -叔丁基苯氧基乙酸酯 | 2002/2076 |
| 554 | prothiocarb | 硫菌威 | 2002/2076 |
| 555 | prothiofos | 丙硫磷 | 2002/2076 |
| 556 | prothoate | 发硫磷 | 2002/2076 |
| 557 | pyraclofos | 吡唑硫磷 | 2002/2076 |
| 558 | pyranocumarin | 吡喃香豆素 | 2004/129 |
| 559 | pyrazophos | 吡嘧磷 | 00/233/EC |
| 560 | pyrazoxyfen | 匹坐芬 | 2002/2076 |

（续）

| 序号 | 农药英文名 | 农药名称 | 相关的法规 |
|---|---|---|---|
| 561 | pyridafenthion | 哒嗪硫磷 | 2002/2076 |
| 562 | pyridafol | | 2002/2076 |
| 563 | pyrifenox | 匹立司 | 2002/2076 |
| 564 | pyroquilone | 百快隆 | 2002/2076 |
| 565 | quarternary ammonium compounds | 季铵盐化合物 | 2004/129 |
| 566 | quinalphos | 喹硫磷 | 2002/2076 |
| 567 | quinclorac | 二氯喹啉酸 | 2004/129/EC |
| 568 | quintozene | 五氯硝基苯 | 00/816/EC |
| 569 | quintozene containing ＞1 g/kg HCB or＞10 g/kg pentachlorobenzene | 五氯硝基苯含＞1 g/kg 六氯苯 or＞10 g/kg 五氯苯 | 79/117 (90/533) |
| 570 | quizalofop | 喹禾灵 | 2002/2076 |
| 571 | repellent (by taste) of vegetal and animal origin/extract of food grade/phosphoric acid and fish flour | 动植物源（提取）味觉趋避剂：食品级磷酸和鱼粉 | 2007/442 |
| 572 | repellents：Essential oils | 精华油 | 2007/442 |
| 573 | repellents：Fatty acids，fish oil | 趋避剂：脂肪酸、鱼油 | 2007/442 |
| 574 | repellents：Tall oil crude | 趋避剂：妥尔油原油 | 2007/442 |
| 575 | resins | 树脂 | Reg 647/2007 |
| 576 | resins and polymers | 树脂和高聚物 | |
| 577 | resmethrin | 苄呋菊酯 | 2002/2076 |
| 578 | rock powder | 石粉 | 2002/2076 |
| 579 | scilliroside | 海葱糖苷 | 2004/129 |
| 580 | sebacic acid | 癸二酸 | 2004/129 |
| 581 | secbumeton | 草灭通 | 2002/2076 |
| 582 | seconal [aka 5-allyl-5-(1′-methylbutyl) barbituric acid] | 速可眠 | 2002/2076 |

（续）

| 序号 | 农药英文名 | 农药名称 | 相关的法规 |
|---|---|---|---|
| 583 | serricornin | 羟基二甲基壬酮 | 2004/129 |
| 584 | sethoxydim | 稀禾定 | 2002/2076 |
| 585 | siduron | 环草隆 | 2002/2076 |
| 586 | silver iodide | 碘化银 | 2002/2076 |
| 587 | silver nitrate | 硝酸银 | 2002/2076 |
| 588 | simazine | 西玛津 | 04/247/EC |
| 589 | sodium arsenite | 亚砷酸钠 | 2002/2076 |
| 590 | sodium carbonate | 碳酸钠 | 2004/129 |
| 591 | sodium chloride | 氯化钠 | 2004/129 |
| 592 | sodium diacetoneketogulonate | 双丙酮葡糖酸钠 | 2002/2076 |
| 593 | sodium dichlorophenate | 双氯酚钠 | 2002/2076 |
| 594 | sodium dimethylarsinate | 卡可地钠 | 2002/2076 |
| 595 | sodium dimethyldithiocarbamate | 二甲基二硫代氨基甲酸钠 | 2002/2076 |
| 596 | sodium dioctyl sulfosuccinate | 琥珀二辛钠 | 2002/2076 |
| 597 | sodium fluosilicate | 氟硅酸钠 | 2002/2076 |
| 598 | sodium hydrogen carbonate | 碳酸氢钠 | 2007/442 |
| 599 | sodium hydroxide | 氢氧化钠（烧碱） | 2004/129 |
| 600 | sodium lauryl sulfate | 十二烷基硫酸钠 | Reg 647/2007 |
| 601 | sodium metabisulphite | 焦亚硫酸钠 | Reg 647/2007 |
| 602 | sodium monochloroacetate | 氯乙酸钠 | 2002/2076 |
| 603 | sodium o－benzyl－p－chlorphenoxide | 邻-苯基-对-氯苯酚钠 | 2004/129 |
| 604 | sodium pentaborate | 五硼酸钠 | 2002/2076 |
| 605 | sodium propionate | 丙酸钠 | 2004/129 |
| 606 | sodium p－t－amylphenate | 对-叔戊基酚钠 | 2002/2076 |
| 607 | sodium p－t－amylphenoxide | 对-叔戊基苯酚钠 | 2004/129 |
| 608 | sodium tetraborate | 四硼酸钠 | 2004/129 |

（续）

| 序号 | 农药英文名 | 农药名称 | 相关的法规 |
|---|---|---|---|
| 609 | sodium tetrathiocarbamate | 四硫代氨基甲酸钠 | 2002/2076 |
| 610 | sodium tetrathiocarbonate | 硫代碳酸钠 | 2006/797 |
| 611 | sodium thiocyanate | 硫氰酸钠 | 2002/2076 |
| 612 | sodium－p－toluene－sulfonchloramid | 对甲苯 | 2007/442 |
| 613 | soybean extract | 大豆提取物 | 2004/129 |
| 614 | streptomycin | 硫酸链霉素 | 2004/129 |
| 615 | strychnine | 番木鳖碱 | 2004/129 |
| 616 | sulfaquinoxaline | 磺胺喹噁啉 | 2004/129 |
| 617 | sulfotep | 治螟磷 | 2002/2076 |
| 618 | sulprofos | 硫丙磷 | 2002/2076 |
| 619 | tar acids | 焦油酸 | 2002/2076 |
| 620 | tar oils | 焦油 | 2004/129 |
| 621 | TCA | 三氯乙烷 | 2002/2076 |
| 622 | TCMTB | 苯噻氰 | 2002/2076 |
| 623 | tebutam（aka butam） | 牧草胺 | 2002/2076 |
| 624 | tebuthiuron | 特丁隆 | 2002/2076 |
| 625 | tecnazene | 四氯硝基苯 | 00/725/EC |
| 626 | temephos | 双硫磷 | 2002/2076 |
| 627 | terbacil | 特草定 | 2002/2076 |
| 628 | terbufos | 特丁磷 | 2002/2076 |
| 629 | terbumeton | 特丁通，甲氧去草净 | 2002/2076 |
| 630 | terbutryn | 特丁净 | 2002/2076 |
| 631 | tetrachlorvinphos | 杀虫威 | 2002/2076 |
| 632 | tetradifon | 四氯杀螨砜 | 2002/2076 |
| 633 | tetramethrin | 似虫菊 | 2002/2076 |
| 634 | tetrasul | 杀螨好 | 2002/2076 |

（续）

| 序号 | 农药英文名 | 农药名称 | 相关的法规 |
|---|---|---|---|
| 635 | thallium sulphate | 硫酸亚铊 | 2004/129 |
| 636 | thiazafluron | 噻氟隆 | 2002/2076 |
| 637 | thiazopyr | 噻草啶 | 2002/2076 |
| 638 | thiocyclam | 杀虫环 | 2002/2076 |
| 639 | thiodicarb | 硫双威 | 2007/366 |
| 640 | thiofanox | 久效威 | 2002/2076 |
| 641 | thiometon | 甲基乙拌磷 | 2002/2076 |
| 642 | thionazin | 虫线磷 | 2002/2076 |
| 643 | thiophanate（ethyl） | 硫菌灵 | 2002/2076 |
| 644 | thiourea | 硫脲 | 2004/129 |
| 645 | tiocarbazil | 仲草丹 | 2002/2076 |
| 646 | tolylphtalam | | 2002/2076 |
| 647 | tomato mosaic virus | 番茄花叶病毒 | 2004/129 |
| 648 | tralomethrin | 泰灭宁 | 2002/2076 |
| 649 | trans - 6 - Nonen - 1 - ol | 反- 6 -壬烯- 1 -醇 | 2004/129 |
| 650 | triadimefon | 三唑酮 | 2004/129 |
| 651 | triapenthenol | 抑芽唑 | 2002/2076 |
| 652 | triazamate | 唑蚜威 | 2002/2076 |
| 653 | triazbutyl | 丁基三唑 | 2002/2076 |
| 654 | triazophos | 三唑磷 | 2002/2076 |
| 655 | tribufos（s，s，s - tributyl - phosphorotrithioate） | 脱叶磷 | 2002/2076 |
| 656 | tributyltinoxyde | 氧化三丁基锡 | 2002/2076 |
| 657 | tricalcium phosphate | 磷酸三钙 | 2007/442 |
| 658 | trichlorfon | 敌百虫 | 2007/357 |
| 659 | trichloronate | 氯甲硫磷 | 2002/2076 |
| 660 | tridemorph | 十三吗啉 | 2004/129 |

（续）

| 序号 | 农药英文名 | 农药名称 | 相关的法规 |
|---|---|---|---|
| 661 | tridiphane | 灭草环 | 2002/2076 |
| 662 | trietazine | 草达津 | 2002/2076 |
| 663 | trifenmorph | 蜗螺杀 | 2002/2076 |
| 664 | trifluralin | 氟乐灵 | 2010/355/EU |
| 665 | triforine | 嗪氨灵 | 2002/2076 |
| 666 | trimedlure | 碘 | 2004/129 |
| 667 | trioxymethylen | 三聚甲醛 | 2002/2076 |
| 668 | validamycin | 井岗霉素 | 2002/2076 |
| 669 | vamidothion | 完灭硫磷 | 2002/2076 |
| 670 | vernolate | 灭草猛 | 2002/2076 |
| 671 | vinclozolin | 乙烯菌合利 | Reg 1335/2005 |
| 672 | waxes | 石蜡 | Reg 1335/2005 |
| 673 | wheat gluten | 小麦脱粒朊 | Reg 647/2007 |
| 674 | zineb | 代森锌 | 01/245/EC |
| 675 | zucchini yellow mosaic virus (ZYMV mild strain) | 西葫芦黄花叶病毒 | 01/245/EC |

## 附录5　美国葡萄农药残留限量标准

美国葡萄农药残留限量标准见附表5。

**附表5　美国葡萄农药残留限量标准**

| 序号 | 农药英文名 | 农药名称 | 美国 | | |
|---|---|---|---|---|---|
| | | | 食品名称 | 食品英文名称 | 限量（mg/kg） |
| 1 | alumimum tris（o－ethylphosphonate） | 三乙基磷酸铝 | 葡萄 | grapes | 10 |
| 2 | ametoctradin | 唑嘧菌胺 | 葡萄 | grapes | 4 |

（续）

| 序号 | 农药英文名 | 农药名称 | 美国 | | |
|---|---|---|---|---|---|
| | | | 食品名称 | 食品英文名称 | 限量 (mg/kg) |
| 3 | amisulbrom | 吲唑磺菌胺 | 葡萄 | grapes | 0.4 |
| 4 | benalaxyl | 苯霜灵 | 葡萄 | grapes | 3 |
| 5 | bifenazate | 联苯肼酯 | 葡萄 | grapes | 0.75 |
| 6 | bifenthrin | 联苯菊酯 | 葡萄 | grapes | 0.2 |
| 7 | buprofezin | 噻嗪酮 | 葡萄 | grapes | 2.5 |
| 8 | captan | 克菌丹 | 葡萄 | grapes | 25 |
| 9 | carbaryl | 甲萘威 | 葡萄 | grapes | 10 |
| 10 | carbon disulfide | 二硫化碳 | 葡萄 | grapes | 0.1 |
| 11 | carfentrazone - ethyl | 唑草酮 | 葡萄 | grapes | 0.1 |
| 12 | chlorpyrifos | 毒死蜱 | 葡萄 | grapes | 0.01 |
| 13 | clothianidin | 噻虫胺 | 葡萄 | grapes | 0.6 |
| 14 | cyazofamid | 氰霜唑 | 葡萄 | grapes | 1.5 |
| 15 | cyflumetofen | 丁氟螨酯 | 葡萄 | grapes | 0.6 |
| 16 | cyfluthrin | 氟氯氰菊酯 | 葡萄 | grapes | 1 |
| 17 | cymoxanil | 霜脲氰 | 葡萄 | grapes | 0.1 |
| 18 | cypermethrin and isomer zeta - cypermethrin | 氯氰菊酯和异构体 | 葡萄 | grapes | 2 |
| 19 | diazinon | 二嗪磷 | 葡萄 | grapes | 0.75 |
| 20 | dichlobenil | 敌草腈 | 葡萄 | grapes | 0.15 |
| 21 | dicloran | 氯硝胺 | 葡萄 | grapes | 10 |
| 22 | dicofol | 三氯杀螨醇 | 葡萄 | grapes | 5 |
| 23 | difenoconazole | 苯醚甲环唑 | 葡萄 | grapes | 4 |
| 24 | dimethomorph | 烯酰吗啉 | 葡萄 | grapes | 3 |
| 25 | diquat | 敌草快 | 葡萄 | grapes | 0.05 |
| 26 | dithianon | 二氰蒽醌 | 葡萄 | grapes | 3 |

（续）

| 序号 | 农药英文名 | 农药名称 | 美国 | | |
|---|---|---|---|---|---|
| | | | 食品名称 | 食品英文名称 | 限量(mg/kg) |
| 27 | diuron | 敌草隆 | 葡萄 | grapes | 0.05 |
| 28 | endothall | 菌多杀 | 葡萄 | grapes | 1 |
| 29 | ethaboxam | 噻唑菌胺 | 葡萄 | grapes | 6 |
| 30 | ethephon | 乙烯利 | 葡萄 | grapes | 2 |
| 31 | famoxadone | 噁唑菌酮 | 葡萄 | grapes | 2.5 |
| 32 | febram | 福美铁 | 葡萄 | grapes | 4 |
| 33 | fenamidone | 咪唑菌酮 | 葡萄 | grapes | 1 |
| 34 | fenamiphos | 苯线磷 | 葡萄 | grapes | 10 |
| 35 | fenarimol | 氯苯嘧啶醇 | 葡萄 | grapes | 0.1 |
| 36 | fenbuconazole | 腈苯唑 | 葡萄 | grapes | 1 |
| 37 | fenbutatin oxide | 苯丁锡 | 葡萄 | grapes | 5 |
| 38 | flazasulfuron | 嘧啶磺隆 | 葡萄 | grapes | 0.01 |
| 39 | fluazifop | 精吡氟禾草灵 | 葡萄 | grapes | 0.01 |
| 40 | flubendiamide | 氟苯虫酰胺 | 葡萄 | grapes | 1.4 |
| 41 | flufenoxuron | 氟虫脲 | 葡萄 | grapes | 0.7 |
| 42 | flumioxazin | 丙炔氟草胺 | 葡萄 | grapes | 0.02 |
| 43 | fluopicolide | 氟吡菌胺 | 葡萄 | grapes | 6 |
| 44 | fluorine compounds | 氟化合物 | 葡萄 | grapes | 7 |
| 45 | fluridone | 氟啶草酮 | 葡萄 | grapes | 0.1 |
| 46 | flutriafol | 粉唑醇 | 葡萄 | grapes | 1.5 |
| 47 | folpet | 灭菌丹 | 葡萄 | grapes | 50 |
| 48 | forchlorfenuron | 氯吡脲 | 葡萄 | grapes | 0.03 |
| 49 | glufosinate - ammonium | 草胺磷 | 葡萄 | grapes | 0.05 |
| 50 | imidacloprid | 吡虫啉 | 葡萄 | grapes | 1 |
| 51 | indaziflam | 茚嗪氟草胺 | 葡萄 | grapes | 0.01 |

（续）

| 序号 | 农药英文名 | 农药名称 | 美国 | | |
|---|---|---|---|---|---|
| | | | 食品名称 | 食品英文名称 | 限量（mg/kg） |
| 52 | iprodione | 异菌脲 | 葡萄 | grapes | 60 |
| 53 | iprovalicarb | 缬霉威 | 葡萄 | grapes | 2 |
| 54 | isoxaben | 异噁草胺 | 葡萄 | grapes | 0.01 |
| 55 | kresoxim-methyl | 醚菌酯 | 葡萄 | grapes | 1 |
| 56 | malathion | 马拉硫磷 | 葡萄 | grapes | 8 |
| 57 | mancozeb | 代森锰锌 | 葡萄 | grapes | 5 |
| 58 | mepanipyrim | 嘧菌胺 | 葡萄 | grapes | 1.5 |
| 59 | mepiquat chloride | 缩节胺 | 葡萄 | grapes | 1 |
| 60 | meptyldinocap | 硝苯菌酯 | 葡萄 | grapes | 0.2 |
| 61 | metaflumizone | 氰氟虫腙 | 葡萄 | grapes | 0.04 |
| 62 | metalaxyl | 甲霜灵 | 葡萄 | grapes | 6 |
| 63 | methomyl | 灭多威 | 葡萄 | grapes | 5 |
| 64 | myclobutanil | 腈菌唑 | 葡萄 | grapes | 1 |
| 65 | naled | 二溴磷 | 葡萄 | grapes | 3 |
| 66 | napropamide | 敌草胺 | 葡萄 | grapes | 0.1 |
| 67 | norflurazon | 达草灭 | 葡萄 | grapes | 0.1 |
| 68 | oxathiapiprolin | 新杀菌剂 | 葡萄 | grapes | 0.7 |
| 69 | oxyfluorfen | 乙氧氟草醚 | 葡萄 | grapes | 0.05 |
| 70 | paraquat | 百草枯 | 葡萄 | grapes | 0.05 |
| 71 | pendimethalin | 二甲戊灵 | 葡萄 | grapes | 0.1 |
| 72 | penoxsulam | 五氟磺草胺 | 葡萄 | grapes | 0.01 |
| 73 | phosalone | 伏杀硫磷 | 葡萄 | grapes | 10 |
| 74 | phosmet | 亚胺硫磷 | 葡萄 | grapes | 10 |
| 75 | propargite | 炔螨特 | 葡萄 | grapes | 5 |
| 76 | propyzamide | 炔苯酰草胺 | 葡萄 | grapes | 0.1 |

（续）

| 序号 | 农药英文名 | 农药名称 | 美国 | | |
|---|---|---|---|---|---|
| | | | 食品名称 | 食品英文名称 | 限量(mg/kg) |
| 77 | proquinazid | 丙氧喹啉 | 葡萄 | grapes | 0.5 |
| 78 | pyraflufen - ethyl | 吡草醚 | 葡萄 | grapes | 0.01 |
| 79 | pyridaben | 哒螨灵 | 葡萄 | grapes | 1.5 |
| 80 | pyriproxyfen | 吡丙醚 | 葡萄 | grapes | 2.5 |
| 81 | rimsulfuron | 砜嘧磺隆 | 葡萄 | grapes | 0.01 |
| 82 | saflufenacil | 苯嘧磺草胺 | 葡萄 | grapes | 0.03 |
| 83 | simazine | 西玛津 | 葡萄 | grapes | 0.2 |
| 84 | spirodiclofen | 螺螨酯 | 葡萄 | grapes | 2 |
| 85 | tebuconazole | 戊唑醇 | 葡萄 | grapes | 5 |
| 86 | tebufenozide | 虫酰肼 | 葡萄 | grapes | 3 |
| 87 | thiophanate - methyl | 甲基硫菌灵 | 葡萄 | grapes | 5 |
| 88 | tolfenpyrad | 唑虫酰胺 | 葡萄 | grapes | 2 |
| 89 | tolylfluanid | 甲苯氟磺胺 | 葡萄 | grapes | 11 |
| 90 | trifloxystrobin | 肟菌酯 | 葡萄 | grapes | 2 |
| 91 | trifluralin | 氟乐灵 | 葡萄 | grapes | 0.05 |
| 92 | zinc phosphide | 磷化锌 | 葡萄 | grapes | 0.01 |
| 93 | ziram | 福美锌 | 葡萄 | grapes | 7 |

## 附录 6 《澳新食品法典》葡萄农药残留限量标准

《澳新食品法典》葡萄农药残留限量标准见附表 6。

**附表 6 《澳新食品法典》葡萄农药残留限量标准**

| 序号 | 农药英文名 | 农药名称 | 澳新 | | |
|---|---|---|---|---|---|
| | | | 食品名称 | 食品英文名称 | 限量(mg/kg) |
| 1 | 1,3 - dichloropropene | 1,3 - 二氯丙烯 | 葡萄 | grapes | 0.018 |
| 2 | 2,4 - D | 2,4 -滴 | 葡萄 | grapes | 0.05* (T) |

（续）

| 序号 | 农药英文名 | 农药名称 | 澳新 | | |
|---|---|---|---|---|---|
| | | | 食品名称 | 食品英文名称 | 限量（mg/kg） |
| 3 | abamectin | 阿维菌素 | 葡萄 | grapes | 0.02 |
| 4 | acequinocyl | 灭螨醌 | 葡萄 | grapes | 1.6 |
| 5 | acetamiprid | 啶虫脒 | 葡萄 | grapes | 0.35 |
| 6 | ametoctradin | 唑嘧菌胺 | 葡萄（干葡萄除外） | grapes (except dried grapes) | 6 |
| 7 | amisulbrom | 吲唑磺菌胺 | 葡萄 | grapes | 0.5 |
| 8 | amitrole | 杀草强 | 葡萄 | grapes | 0.01 |
| 9 | azinphos-methyl | 保棉磷 | 葡萄 | grapes | 2 |
| 10 | azoxystrobin | 嘧菌酯 | 葡萄 | grapes | 2 |
| 11 | benalaxyl | 苯霜灵 | 葡萄 | grapes | 0.5 |
| 12 | bifenazate | 联苯肼酯 | 葡萄（酿酒葡萄除外） | grapes (except wine grapes) | 1（T） |
| 13 | bifenthrin | 联苯菊酯 | 葡萄 | grapes | 0.2 |
| 14 | boscalid | 啶酰菌胺 | 葡萄 | grapes | 5 |
| 15 | bromoxynil | 溴苯腈 | 葡萄 | grapes | 0.01 |
| 16 | buprofezin | 噻嗪酮 | 葡萄 | grapes | 2.5 |
| 17 | butafenacil | 氟丙嘧草酯 | 葡萄 | grapes | 0.02*（T） |
| 18 | captan | 克菌丹 | 葡萄 | grapes | 10 |
| 19 | carbaryl | 甲萘威 | 葡萄 | grapes | 0.01 |
| 20 | carbendazim | 多菌灵 | 葡萄 | grapes | 0.3 |
| 21 | carfentrazone-ethyl | 唑草酮 | 葡萄 | grapes | 0.05 |
| 22 | chlormequat | 矮壮素 | 葡萄 | grapes | 0.75 |
| 23 | chlorothalonil | 百菌清 | 葡萄 | grapes | 10 |
| 24 | chlorpyrifos | 毒死蜱 | 葡萄 | grapes | 1（T） |
| 25 | clofentezine | 四螨嗪 | 葡萄 | grapes | 1 |

（续）

| 序号 | 农药英文名 | 农药名称 | 澳新 | | |
|---|---|---|---|---|---|
| | | | 食品名称 | 食品英文名称 | 限量(mg/kg) |
| 26 | clothianidin | 噻虫胺 | 葡萄（酿酒葡萄除外） | grapes (except wine grapes) | 3 |
| | | | 酿酒葡萄 | wine grapes | 0.02* |
| 27 | cyanamide | 氰胺 | 葡萄 | grapes | 0.05 |
| 28 | cycloxydim | 噻草酮 | 葡萄 | grapes | 0.3 |
| 29 | cyflufenamid | 环氟菌胺 | 葡萄 | grapes | 0.15 |
| 30 | cyfluthrin | 氟氯氰菊酯 | 葡萄 | grapes | 1 |
| 31 | cypermethrin | 氯氰菊酯 | 葡萄 | grapes | 2 |
| 32 | cyprodinil | 嘧菌环胺 | 葡萄 | grapes | 3 |
| 33 | dalapon | 茅草枯 | 葡萄 | grapes | 3 |
| 34 | dichlobenil | 敌草腈 | 葡萄 | grapes | 0.1 |
| 35 | dichlofluanid | 苯氟磺胺 | 葡萄 | grapes | 0.5 |
| 36 | dicloran | 氯硝胺 | 葡萄 | grapes | 10 |
| 37 | difenoconazole | 苯醚甲环唑 | 葡萄 | grapes | 4 |
| 38 | diflufenican | 吡氟酰草胺 | 葡萄 | grapes | 0.002* |
| 39 | dimethoate | 乐果 | 葡萄 | grapes | 0.1* (T) |
| 40 | dimethomorph | 烯酰吗啉 | 葡萄 | grapes | 3 |
| 41 | dinotefuran | 呋虫胺 | 葡萄 | grapes | 0.9 |
| 42 | dithiocarbamates | 二硫代氨基甲酸酯 | 葡萄和小型水果（草莓除外） | berries and other small fruits (except strawberry) | 10 (T) |
| 43 | emamectin | 甲氨基阿维菌素苯甲酸盐 | 葡萄 | grapes | 0.002* |
| 44 | ethephon | 乙烯利 | 葡萄 | grapes | 10 |
| 45 | ethion | 乙硫磷 | 葡萄 | grapes | 2 |

（续）

| 序号 | 农药英文名 | 农药名称 | 澳新 | | |
|---|---|---|---|---|---|
| | | | 食品名称 | 食品英文名称 | 限量 (mg/kg) |
| 46 | etoxazole | 乙螨唑 | 葡萄 | grapes | 0.5 |
| 47 | fenamiphos | 苯线磷 | 葡萄 | grapes | 0.05* |
| 48 | fenbutatin oxide | 苯丁锡 | 葡萄（酿酒葡萄除外） | grapes （except wine grapes） | 5 |
| 49 | fenhexamid | 环酰菌胺 | 葡萄 | grapes | 10 |
| 50 | fenitrothion | 杀螟硫磷 | 葡萄 | grapes | 0.5 |
| 51 | fenpropathrin | 甲氰菊酯 | 葡萄 | grapes | 5 |
| 52 | fenpyrazamine | 胺苯吡菌酮 | 葡萄 | grapes | 3 |
| | | | 酿酒葡萄 | wine grapes | 0.05 |
| 53 | fenpyroximate | 唑螨酯 | 葡萄 | grapes | 1 |
| 54 | fenthion | 倍硫磷 | 葡萄 | grapes | 0.2（T） |
| 55 | fenvalerate | 氰戊菊酯 | 葡萄 | grapes | 0.1 |
| 56 | fipronil | 氟虫清 | 酿酒葡萄 | wine grapes | 0.01* |
| 57 | fluazinam | 氟啶胺 | 酿酒葡萄 | wine grapes | 0.05* |
| 58 | flubendiamide | 氟苯虫酰胺 | 葡萄 | grapes | 1.4 |
| 59 | fludioxonil | 咯菌腈 | 葡萄 | grapes | 2 |
| 60 | flumioxazin | 丙炔氟草胺 | 葡萄 | grapes | 0.01* |
| 61 | fluopicolide | 氟吡菌胺 | 葡萄 | grapes | 2 |
| 62 | fluopyram | 氟吡菌酰胺 | 葡萄 | grapes | 2 |
| 63 | flupyradifurone | 氟吡呋喃酮 | 葡萄 | grapes | 2 |
| 64 | flusilazole | 氟硅唑 | 葡萄 | grapes | 0.5 |
| 65 | flutriafol | 粉唑醇 | 葡萄 | grapes | 1.5 |
| 66 | fluvalinate | 氟胺氰菊酯 | 鲜食葡萄 | table grapes | 0.05 |
| 67 | forchlorfenuron | 氯吡脲 | 葡萄 | grapes | 0.03 |

（续）

| 序号 | 农药英文名 | 农药名称 | 澳新 | | |
|---|---|---|---|---|---|
| | | | 食品名称 | 食品英文名称 | 限量（mg/kg） |
| 68 | glyphosate | 草甘膦 | 葡萄和小型水果（蔓越橘除外） | berries and other small fruits（except cranberry） | 0.05* |
| 69 | hexaconazole | 己唑醇 | 葡萄 | grapes | 0.05 |
| 70 | imidacloprid | 吡虫啉 | 葡萄 | grapes | 1 |
| 71 | iprodione | 异菌脲 | 葡萄 | grapes | 20 |
| 72 | isoxaben | 异噁草胺 | 葡萄 | grapes | 0.01* |
| 73 | malathion | 马拉硫磷 | 葡萄 | grapes | 8 |
| 74 | mandipropamid | 双炔酰菌胺 | 葡萄 | grapes | 2 |
| 75 | metaflumizone | 氰氟虫腙 | 葡萄 | grapes | 0.04 |
| 76 | metalaxyl | 甲霜灵 | 葡萄 | grapes | 1 |
| 77 | methidathion | 杀扑磷 | 葡萄 | grapes | 0.5 |
| 78 | methiocarb | 甲硫威 | 葡萄 | grapes | 0.5 |
| 79 | methomyl | 灭多威 | 葡萄 | grapes | 2 |
| 80 | methoxyfenozide | 甲氧虫酰肼 | 葡萄 | grapes | 2 |
| 81 | metrafenone | 苯菌酮 | 葡萄 | grapes | 4.5 |
| 82 | myclobutanil | 腈菌唑 | 葡萄 | grapes | 1 |
| 83 | norflurazon | 达草灭 | 葡萄 | grapes | 0.1 |
| 84 | oxadixyl | 噁霜灵 | 葡萄 | grapes | 2 |
| 85 | oxyfluorfen | 乙氧氟草醚 | 葡萄 | grapes | 0.05 |
| 86 | penconazole | 戊菌唑 | 葡萄 | grapes | 0.1 |
| 87 | phosmet | 亚胺硫磷 | 葡萄 | grapes | 10 |
| 88 | procymidone | 腐霉利 | 酿酒葡萄 | wine grapes | 2（T） |
| 89 | propiconazole | 丙环唑 | 葡萄 | grapes | 1 |
| 90 | proquinazid | 丙氧喹啉 | 葡萄 | grapes | 0.5 |

（续）

| 序号 | 农药英文名 | 农药名称 | 澳新 | | |
|---|---|---|---|---|---|
| | | | 食品名称 | 食品英文名称 | 限量（mg/kg） |
| 91 | prothiofos | 丙硫磷 | 葡萄 | grapes | 2 |
| 92 | pyraclostrobin | 吡唑醚菌酯 | 葡萄 | grapes | 2 |
| 93 | pyridaben | 哒螨灵 | 葡萄 | grapes | 5 |
| 94 | pyrimethanil | 嘧霉胺 | 葡萄 | grapes | 5 |
| 95 | pyriofenone | 杀菌剂 | 葡萄 | grapes | 0.5 |
| 96 | pyriproxyfen | 吡丙醚 | 葡萄 | grapes | 2.5 |
| 97 | quinoxyfen | 喹氧灵 | 葡萄 | grapes | 2 |
| 98 | quizalofop－ethyl | 喹禾灵 | 葡萄 | grapes | 0.02* |
| 99 | quizalofop－p－tefuryl | 喹禾糠酯 | 葡萄 | grapes | 0.02* |
| 100 | saflufenacil | 苯嘧磺草胺 | 葡萄 | grapes | 0.03* |
| 101 | spinosad | 多杀霉素 | 葡萄 | grapes | 0.5 |
| 102 | spirodiclofen | 螺螨酯 | 葡萄 | grapes | 2 |
| 103 | spirotetramat | 螺虫乙酯 | 葡萄 | grapes | 2 |
| 104 | spiroxamine | 螺环菌胺 | 葡萄 | grapes | 2 |
| 105 | sulfoxaflor | 氟啶虫胺腈 | 葡萄 | grapes | 0.01* |
| | | | 酿酒葡萄 | wine grapes | 0.01 |
| 106 | sulfur dioxide | 二氧化硫 | 鲜食葡萄 | table grapes | 10 |
| 107 | tebuconazole | 戊唑醇 | 葡萄 | grapes | 5 |
| 108 | tebufenozide | 虫酰肼 | 葡萄 | grapes | 2 |
| 109 | tetraconazole | 四氟醚唑 | 葡萄 | grapes | 0.5 |
| 110 | thiamethoxam | 噻虫嗪 | 葡萄 | grapes | 0.2 |
| 111 | thiophanate－methyl | 甲基硫菌灵 | 葡萄 | grapes | 5 |
| 112 | tolylfluanid | 甲苯氟磺胺 | 葡萄 | grapes | 0.05*（T） |
| 113 | triadimefon | 三唑酮 | 葡萄 | grapes | 1 |

（续）

| 序号 | 农药英文名 | 农药名称 | 澳新 | | |
|---|---|---|---|---|---|
| | | | 食品名称 | 食品英文名称 | 限量（mg/kg） |
| 114 | triadimenol | 三唑醇 | 葡萄 | grapes | 0.5 |
| 115 | trifloxystrobin | 肟菌酯 | 葡萄 | grapes | 3 |
| 116 | triflumizole | 氟菌唑 | 葡萄 | grapes | 2.5 |

注："CT"表示暂定，"*"表示限量值设在检出限。

# 附录7　日本葡萄农药残留限量标准

日本葡萄农药残留限量标准见附表7。

**附表7　日本葡萄农药残留限量标准**

| 序号 | 农药英文名 | 农药名称 | 日本 | | |
|---|---|---|---|---|---|
| | | | 食品名称 | 食品英文名称 | 限量（mg/kg） |
| 1 | 2,4-D | 2,4-滴 | 葡萄 | grapes | 0.5 |
| 2 | 4-CPA | 4-氯苯氧乙酸 | 葡萄 | grapes | 0.02 |
| 3 | acephate | 乙酰甲胺磷 | 葡萄 | grapes | 5 |
| 4 | acequinocyl | 灭螨醌 | 葡萄 | grapes | 0.5 |
| 5 | acetamiprid | 啶虫脒 | 葡萄 | grapes | 5 |
| 6 | acrinathrin | 氟丙菊酯 | 葡萄 | grapes | 2 |
| 7 | alachlor | 甲草胺 | 葡萄 | grapes | 0.01 |
| 8 | alanycarb | 棉铃威 | 葡萄 | grapes | 2 |
| 9 | aldrin and dieldrin | 艾氏剂和狄氏剂 | 葡萄 | grapes | N.D.（艾氏剂检出限0.50 μg/kg；狄氏剂检出限0.20 μg/kg） |
| 10 | ametoctradin | 唑嘧菌胺 | 葡萄 | grapes | 25 |
| 11 | amisulbrom | 吲唑磺菌胺 | 葡萄 | grapes | 5 |

（续）

| 序号 | 农药英文名 | 农药名称 | 日本 | | |
|---|---|---|---|---|---|
| | | | 食品名称 | 食品英文名称 | 限量（mg/kg） |
| 12 | amitrole | 杀草强 | 葡萄 | grapes | 0.05 |
| 13 | arsenic troxide | 三氧化二砷 | 葡萄 | grapes | 1 |
| 14 | atrazine | 莠去津 | 葡萄 | grapes | 0.02 |
| 15 | azinphos－methyl | 保棉磷 | 葡萄 | grapes | 2 |
| 16 | azocyclotin and cyhexatin | 三唑锡和三环锡 | 葡萄 | grapes | 0.3 |
| 17 | azoxystrobin | 嘧菌酯 | 葡萄 | grapes | 10 |
| 18 | benalaxyl | 苯霜灵 | 葡萄 | grapes | 0.2 |
| 19 | benfuracarb | 丙硫克百威 | 葡萄 | grapes | 0.5 |
| 20 | bensulide | 地散磷 | 葡萄 | grapes | 0.03 |
| 21 | bentazone | 灭草松 | 葡萄 | grapes | 0.02 |
| 22 | benthiavalicarb－isopropyl | 苯噻菌胺酯 | 葡萄 | grapes | 2 |
| 23 | benzyladenine | N6－苯甲酰基腺嘌呤 | 葡萄 | grapes | 0.02 |
| 24 | bifenazate | 联苯肼酯 | 葡萄 | grapes | 3 |
| 25 | bifenthrin | 联苯菊酯 | 葡萄 | grapes | 2 |
| 26 | bilanafos（bialaphos） | 双丙氨磷 | 葡萄 | grapes | 0.02 |
| 27 | bioresmethrin | 生物苄呋菊酯 | 葡萄 | grapes | 0.1 |
| 28 | bitertanol | 联苯三唑醇 | 葡萄 | grapes | 0.05 |
| 29 | boscalid | 啶酰菌胺 | 葡萄 | grapes | 10 |
| 30 | brodifacoum | 溴鼠灵 | 葡萄 | grapes | 0.001 |
| 31 | bromacil | 除草定 | 葡萄 | grapes | 0.05 |
| 32 | bromide | 溴化物 | 葡萄 | grapes | 20 |
| 33 | bromopropylate | 溴螨酯 | 葡萄 | grapes | 2 |
| 34 | bromoxynil | 溴苯腈 | 葡萄 | grapes | 0.01 |

（续）

| 序号 | 农药英文名 | 农药名称 | 日本 | | |
|---|---|---|---|---|---|
| | | | 食品名称 | 食品英文名称 | 限量（mg/kg） |
| 35 | buprofezin | 噻嗪酮 | 葡萄 | grapes | 1 |
| 36 | butafenacil | 氟丙嘧草酯 | 葡萄 | grapes | 0.1 |
| 37 | captan | 克菌丹 | 葡萄 | grapes | 5 |
| 38 | carbaryl | 甲萘威 | 葡萄 | grapes | 1 |
| 39 | carbendazim，thiophanate，thiophanate-methyl and benomyl | 多菌灵，托布津，甲基托布津，苯菌灵 | 葡萄 | grapes | 3 |
| 40 | carbofuran | 克百威 | 葡萄 | grapes | 0.3 |
| 41 | carbosulfan | 丁硫克百威 | 葡萄 | grapes | 0.2 |
| 42 | carfentrazone-ethyl | 唑草酮 | 葡萄 | grapes | 0.1 |
| 43 | cartap，thiocyclam and bensultap | 杀螟丹、杀虫环和苯达松 | 葡萄 | grapes | 3 |
| 44 | chinomethionat | 灭螨猛 | 葡萄 | grapes | 0.1 |
| 45 | chlorantraniliprole | 氯虫苯甲酰胺 | 葡萄 | grapes | 2 |
| 46 | chlordane | 氯丹 | 葡萄 | grapes | 0.02 |
| 47 | chlorfenapyr | 虫螨腈 | 葡萄 | grapes | 5 |
| 48 | chlorfenvinphos | 毒虫畏 | 葡萄 | grapes | 0.05 |
| 49 | chlorfluazuron | 氟定脲 | 葡萄 | grapes | 2 |
| 50 | chlormequat | 矮壮素 | 葡萄 | grapes | 1 |
| 51 | chlorothalonil | 百菌清 | 葡萄 | grapes | 0.5 |
| 52 | chlorpropham | 氯苯胺灵 | 葡萄 | grapes | 0.05 |
| 53 | chlorpyrifos | 毒死蜱 | 葡萄 | grapes | 1 |
| 54 | chlorpyrifos-methyl | 甲基毒死蜱 | 葡萄 | grapes | 0.2 |
| 55 | clodinafop-propargyl | 炔草酯 | 葡萄 | grapes | 0.02 |
| 56 | clofentezine | 四螨嗪 | 葡萄 | grapes | 1 |

（续）

| 序号 | 农药英文名 | 农药名称 | 日本 | | |
|---|---|---|---|---|---|
| | | | 食品名称 | 食品英文名称 | 限量（mg/kg） |
| 57 | clomazone | 异噁草松 | 葡萄 | grapes | 0.02 |
| 58 | clopidol | 氯羟吡啶 | 葡萄 | grapes | 0.2 |
| 59 | clothianidin | 噻虫胺 | 葡萄 | grapes | 5 |
| 60 | copper nonylphenolsulfonate | 壬基苯酚磺酸铜 | 葡萄 | grapes | 5 |
| 61 | cyanophos | 杀螟腈 | 葡萄 | grapes | 0.2 |
| 62 | cyantraniliprole | 氰虫酰胺 | 葡萄 | grapes | 2 |
| 63 | cyazofamid | 氰霜唑 | 葡萄 | grapes | 10 |
| 64 | cycloxydim | 噻草酮 | 葡萄 | grapes | 0.5 |
| 65 | cyenopyrafen | 腈吡螨酯 | 葡萄 | grapes | 5 |
| 66 | cyflufenamid | 环氟菌胺 | 葡萄 | grapes | 0.5 |
| 67 | cyflumetofen | 丁氟螨酯 | 葡萄 | grapes | 3 |
| 68 | cyfluthrin | 氟氯氰菊酯 | 葡萄 | grapes | 1 |
| 69 | cyhalothrin | 氯氟氰菊酯 | 葡萄 | grapes | 1 |
| 70 | cymoxanil | 霜脲氰 | 葡萄 | grapes | 1 |
| 71 | cypermethrin | 氯氰菊酯 | 葡萄 | grapes | 2 |
| 72 | cyproconazole | 环丙唑醇 | 葡萄 | grapes | 0.2 |
| 73 | cyprodinil | 嘧菌环胺 | 葡萄 | grapes | 5 |
| 74 | dalapon | 茅草枯 | 葡萄 | grapes | 3 |
| 75 | dazomet, metam and methyl isothiocyanate | 棉隆 | 葡萄 | grapes | 0.1 |
| 76 | DBEDC | 胺磺铜 | 葡萄 | grapes | 20 |
| 77 | DCIP | 二氯异丙醚 | 葡萄 | grapes | 0.2 |
| 78 | DDT | 滴滴涕 | 葡萄 | grapes | 0.2 |
| 79 | deltamethrin and tralomethrin | 溴氰菊酯和四溴菊酯 | 葡萄 | grapes | 0.5 |

（续）

| 序号 | 农药英文名 | 农药名称 | 日本 | | |
|---|---|---|---|---|---|
| | | | 食品名称 | 食品英文名称 | 限量（mg/kg） |
| 80 | demeton－s－methyl | 甲基内吸磷 | 葡萄 | grapes | 0.4 |
| 81 | diafenthiuron | 丁醚脲 | 葡萄 | grapes | 0.02 |
| 82 | diazinon | 二嗪磷 | 葡萄 | grapes | 0.1 |
| 83 | dichlofluanid | 苯氟磺胺 | 葡萄 | grapes | 15 |
| 84 | dichlorprop | 2,4－滴丙酸 | 葡萄 | grapes | 3 |
| 85 | dichlorvos and naled | 敌敌畏和二溴磷 | 葡萄 | grapes | 0.1 |
| 86 | diclomezine | 哒菌酮 | 葡萄 | grapes | 0.02 |
| 87 | dicloran | 氯硝胺 | 葡萄 | grapes | 7 |
| 88 | dicofol | 三氯杀螨醇 | 葡萄 | grapes | 3 |
| 89 | diethofencarb | 乙霉威 | 葡萄 | grapes | 5 |
| 90 | difenoconazole | 苯醚甲环唑 | 葡萄 | grapes | 4 |
| 91 | difenzoquat | 燕麦清 | 葡萄 | grapes | 0.05 |
| 92 | diflubenzuron | 除虫脲 | 葡萄 | grapes | 0.05 |
| 93 | diflufenzopyr | 氟吡草腙 | 葡萄 | grapes | 0.05 |
| 94 | dihydrostreptomycin and streptomycin | 双氢链霉素，链霉素 | 葡萄 | grapes | 0.05 |
| 95 | dimethipin | 噻节因 | 葡萄 | grapes | 0.04 |
| 96 | dimethoate | 乐果 | 葡萄 | grapes | 1 |
| 97 | dimethomorph | 烯酰吗啉 | 葡萄 | grapes | 10 |
| 98 | dinocap | 敌螨普 | 葡萄 | grapes | 0.5 |
| 99 | dinotefuran | 呋虫胺 | 葡萄 | grapes | 15 |
| 100 | diphenylamine | 二苯胺 | 葡萄 | grapes | 0.05 |
| 101 | diquat | 敌草快 | 葡萄 | grapes | 0.03 |
| 102 | disulfoton | 乙拌磷 | 葡萄 | grapes | 0.05 |
| 103 | dithianon | 二氰蒽醌 | 葡萄 | grapes | 3 |

（续）

| 序号 | 农药英文名 | 农药名称 | 日本 | | |
|---|---|---|---|---|---|
| | | | 食品名称 | 食品英文名称 | 限量（mg/kg） |
| 104 | dithiocarbamates | 二硫代氨基甲酸酯 | 葡萄 | grapes | 5 |
| 105 | diuron | 敌草隆 | 葡萄 | grapes | 0.05 |
| 106 | dodine | 多果定 | 葡萄 | grapes | 0.2 |
| 107 | emamectin benzoate | 甲氨基阿维菌素苯甲酸盐 | 葡萄 | grapes | 0.1 |
| 108 | endosulfan | 硫丹 | 葡萄 | grapes | 1 |
| 109 | endrin | 异狄氏剂 | 葡萄 | grapes | N.D.（异狄氏剂检出限：0.50 μg/kg） |
| 110 | EPTC（ethyl dipropyl-thiocarbamate） | 丙草丹 | 葡萄 | grapes | 0.1 |
| 111 | ethaboxam | 噻唑菌胺 | 葡萄 | grapes | 10 |
| 112 | ethephon | 乙烯利 | 葡萄 | grapes | 1 |
| 113 | ethion | 乙硫磷 | 葡萄 | grapes | 0.3 |
| 114 | ethylene dibromide（edb） | 二溴乙烯 | 葡萄 | grapes | 0.01 |
| 115 | ethylene dichloride | 二氯乙烯 | 葡萄 | grapes | 0.01 |
| 116 | etofenprox | 醚菊酯 | 葡萄 | grapes | 4 |
| 117 | etoxazole | 乙螨唑 | 葡萄 | grapes | 0.5 |
| 118 | famoxadone | 噁唑菌酮 | 葡萄 | grapes | 2 |
| 119 | fenamidone | 咪唑菌酮 | 葡萄 | grapes | 3 |
| 120 | fenamiphos | 苯线磷 | 葡萄 | grapes | 0.06 |
| 121 | fenarimol | 氯苯嘧啶醇 | 葡萄 | grapes | 1 |
| 122 | fenbuconazole | 腈苯唑 | 葡萄 | grapes | 3 |
| 123 | fenbutatin oxide | 苯丁锡 | 葡萄 | grapes | 5 |
| 124 | fenhexamid | 环酰菌胺 | 葡萄 | grapes | 20 |

（续）

| 序号 | 农药英文名 | 农药名称 | 日本 | | |
|---|---|---|---|---|---|
| | | | 食品名称 | 食品英文名称 | 限量（mg/kg） |
| 125 | fenitrothion | 杀螟硫磷 | 葡萄 | grapes | 0.2 |
| 126 | fenobucarb | 仲丁威 | 葡萄 | grapes | 0.3（临时限量，截至2017.3.15） |
| 127 | fenoxaprop-ethyl | 精噁唑禾草灵 | 葡萄 | grapes | 0.1 |
| 128 | fenoxycarb | 苯氧威 | 葡萄 | grapes | 0.05 |
| 129 | fenpropathrin | 甲氰菊酯 | 葡萄 | grapes | 5 |
| 130 | fenpropimorph | 丁苯吗啉 | 葡萄 | grapes | 0.05 |
| 131 | fenpyrazamine | 胺苯吡菌酮 | 葡萄 | grapes | 10 |
| 132 | fenpyroximate | 唑螨酯 | 葡萄 | grapes | 2 |
| 133 | fentin | 三苯锡 | 葡萄 | grapes | 0.05 |
| 134 | fenvalerate | 氰戊菊酯 | 葡萄 | grapes | 5 |
| 135 | fipronil | 氟虫腈 | 葡萄 | grapes | 0.01 |
| 136 | flazasulfuron | 嘧啶磺隆 | 葡萄 | grapes | 0.1 |
| 137 | flonicamid | 氟啶虫酰胺 | 葡萄 | grapes | 5 |
| 138 | fluazifop | 精吡氟禾草灵 | 葡萄 | grapes | 0.2 |
| 139 | fluazinam | 氟啶胺 | 葡萄 | grapes | 0.5 |
| 140 | flubendiamide | 氟苯虫酰胺 | 葡萄 | grapes | 2 |
| 141 | flucythrinate | 氟氰戊菊酯 | 葡萄 | grapes | 2 |
| 142 | fludioxonil | 咯菌腈 | 葡萄 | grapes | 5 |
| 143 | flufenoxuron | 氟虫脲 | 葡萄 | grapes | 2 |
| 144 | flumioxazin | 丙炔氟草胺 | 葡萄 | grapes | 0.1 |
| 145 | fluometuron | 伏草隆 | 葡萄 | grapes | 0.02 |
| 146 | fluopicolide | 氟吡菌胺 | 葡萄 | grapes | 2 |
| 147 | fluopyram | 氟吡菌酰胺 | 葡萄 | grapes | 5 |
| 148 | flupyradifurone | 氟吡呋喃酮 | 葡萄 | grapes | 3 |

（续）

| 序号 | 农药英文名 | 农药名称 | 日本 | | |
|---|---|---|---|---|---|
| | | | 食品名称 | 食品英文名称 | 限量（mg/kg） |
| 149 | fluroxypyr | 氯氟吡氧乙酸 | 葡萄 | grapes | 0.05 |
| 150 | flusilazole | 氟硅唑 | 葡萄 | grapes | 0.2 |
| 151 | flutriafol | 粉唑醇 | 葡萄 | grapes | 1 |
| 152 | fluvalinate | 氟胺氰菊酯 | 葡萄 | grapes | 2 |
| 153 | fluxapyroxad | 氟唑菌酰胺 | 葡萄 | grapes | 2 |
| 154 | folpet | 灭菌丹 | 葡萄 | grapes | 2 |
| 155 | forchlorfenuron | 氯吡脲 | 葡萄 | grapes | 0.1 |
| 156 | fosetyl - aluminium | 三乙膦酸铝 | 葡萄 | grapes | 70 |
| 157 | fosthiazate | 噻唑膦 | 葡萄 | grapes | 0.05 |
| 158 | furathiocarb | 呋线威 | 葡萄 | grapes | 0.1 |
| 159 | gibberellin | 赤霉素 | 葡萄 | grapes | 0.2 |
| 160 | glufosinate - ammonium | 草胺磷 | 葡萄 | grapes | 0.2 |
| 161 | glyphosate | 草甘膦 | 葡萄 | grapes | 0.2 |
| 162 | haloxyfop | 氟吡甲禾灵 | 葡萄 | grapes | 0.05 |
| 163 | heptachlor | 七氯 | 葡萄 | grapes | 0.01 |
| 164 | hexachlorobenzene | 六氯苯 | 葡萄 | grapes | 0.01 |
| 165 | hexachlorocyclohexane (hch) | 六六六（HCH） | 葡萄 | grapes | 0.2 |
| 166 | hexaconazole | 己唑醇 | 葡萄 | grapes | 0.1 |
| 167 | hexythiazox | 噻螨酮 | 葡萄 | grapes | 2 |
| 168 | hydrogen cyanide | 氢氰酸 | 葡萄 | grapes | 5 |
| 169 | hydrogen phosphide | 磷化氢 | 葡萄 | grapes | 0.01 |
| 170 | hymexazol | 噁霉灵 | 葡萄 | grapes | 0.5 |
| 171 | imazalil | 烯菌灵 | 葡萄 | grapes | 0.02 |
| 172 | imazaquin | 咪唑喹啉酸 | 葡萄 | grapes | 0.05 |

（续）

| 序号 | 农药英文名 | 农药名称 | 日本 | | |
|---|---|---|---|---|---|
| | | | 食品名称 | 食品英文名称 | 限量（mg/kg） |
| 173 | imazethapyr ammonium | 咪唑乙烟酸铵 | 葡萄 | grapes | 0.05 |
| 174 | imibenconazole | 亚胺唑 | 葡萄 | grapes | 5 |
| 175 | imidacloprid | 吡虫啉 | 葡萄 | grapes | 3 |
| 176 | iminoctadine | 双胍辛胺 | 葡萄 | grapes | 0.5 |
| 177 | indoxacarb | 茚虫威 | 葡萄 | grapes | 2 |
| 178 | ioxynil | 碘苯腈 | 葡萄 | grapes | 0.1 |
| 179 | iprodione | 异菌脲 | 葡萄 | grapes | 25 |
| 180 | iprovalicarb | 缬霉威 | 葡萄 | grapes | 2 |
| 181 | isoprothiolane | 稻瘟灵 | 葡萄 | grapes | 0.02 |
| 182 | isouron | 异噁隆 | 葡萄 | grapes | 0.02 |
| 183 | isoxathion | 噁唑磷 | 葡萄 | grapes | 0.2 |
| 184 | kresoxim - methyl | 醚菌酯 | 葡萄 | grapes | 15 |
| 185 | lead | 铅 | 葡萄 | grapes | 1 |
| 186 | lenacil | 环草定 | 葡萄 | grapes | 0.3 |
| 187 | lepimectin | 米尔贝霉素 | 葡萄 | grapes | 0.3 |
| 188 | lindane | 林丹 | 葡萄 | grapes | 1 |
| 189 | linuron | 利谷隆 | 葡萄 | grapes | 0.2 |
| 190 | lufenuron | 虱螨脲 | 葡萄 | grapes | 1 |
| 191 | malathion | 马拉硫磷 | 葡萄 | grapes | 8 |
| 192 | maleic hydrazide | 抑芽丹 | 葡萄 | grapes | 25 |
| 193 | mandestrobin | 甲氧基丙烯酸酯 | 葡萄 | grapes | 10 |
| 194 | mandipropamid | 双炔酰菌胺 | 葡萄 | grapes | 3 |
| 195 | mcpa | 二甲四氯 | 葡萄 | grapes | 0.1 |
| 196 | MCPB | 二甲四氯丁酸 | 葡萄 | grapes | 0.2 |
| 197 | mepanipyrim | 嘧菌胺 | 葡萄 | grapes | 15 |

（续）

| 序号 | 农药英文名 | 农药名称 | 日本 | | |
|---|---|---|---|---|---|
| | | | 食品名称 | 食品英文名称 | 限量（mg/kg） |
| 198 | mepiquat chloride | 缩节胺 | 葡萄 | grapes | 2 |
| 199 | mepronil | 灭锈胺 | 葡萄 | grapes | 2 |
| 200 | metalaxyl and mefenoxam | 甲霜灵和精甲霜灵 | 葡萄 | grapes | 1 |
| 201 | methabenzthiazuron | 甲基苯噻隆 | 葡萄 | grapes | 0.1 |
| 202 | methamidophos | 甲胺磷 | 葡萄 | grapes | 3 |
| 203 | methidathion | 杀扑磷 | 葡萄 | grapes | 1 |
| 204 | methiocarb | 甲硫威 | 葡萄 | grapes | 0.1 |
| 205 | methomyl and thiodicarb | 灭多威和硫双威 | 葡萄 | grapes | 5 |
| 206 | methoxychlor | 甲氧滴滴涕 | 葡萄 | grapes | 7 |
| 207 | methoxyfenozide | 甲氧虫酰肼 | 葡萄 | grapes | 1 |
| 208 | metrafenone | 苯菌酮 | 葡萄 | grapes | 5 |
| 209 | milbemectin | 密灭汀 | 葡萄 | grapes | 0.2 |
| 210 | myclobutanil | 腈菌唑 | 葡萄 | grapes | 1 |
| 211 | napropamide | 敌草胺 | 葡萄 | grapes | 0.1 |
| 212 | nitenpyram | 烯啶虫胺 | 葡萄 | grapes | 5 |
| 213 | norflurazon | 达草灭 | 葡萄 | grapes | 0.1 |
| 214 | omethoate | 氧乐果 | 葡萄 | grapes | 1 |
| 215 | oryzalin | 氨磺乐灵 | 葡萄 | grapes | 0.1 |
| 216 | oxadixyl | 噁霜灵 | 葡萄 | grapes | 1 |
| 217 | oxathiapiprolin | 新杀菌剂 | 葡萄 | grapes | 0.5 |
| 218 | oxine－copper | 喹啉铜 | 葡萄 | grapes | 1 |
| 219 | oxpoconazole － fumarate | 咪唑富马酸盐 | 葡萄 | grapes | 5 |
| 220 | oxydemeton－methyl | 亚砜磷 | 葡萄 | grapes | 0.06 |
| 221 | oxyfluorfen | 乙氧氟草醚 | 葡萄 | grapes | 0.05 |

（续）

| 序号 | 农药英文名 | 农药名称 | 日本 | | |
|---|---|---|---|---|---|
| | | | 食品名称 | 食品英文名称 | 限量（mg/kg） |
| 222 | paraquat | 百草枯 | 葡萄 | grapes | 0.05 |
| 223 | parathion | 对硫磷 | 葡萄 | grapes | 0.3 |
| 224 | parathion - methyl | 甲基对硫磷 | 葡萄 | grapes | 0.2 |
| 225 | penconazole | 戊菌唑 | 葡萄 | grapes | 0.2 |
| 226 | pendimethalin | 二甲戊灵 | 葡萄 | grapes | 0.1 |
| 227 | penoxsulam | 五氟磺草胺 | 葡萄 | grapes | 0.01 |
| 228 | penthiopyrad | 吡噻菌胺 | 葡萄 | grapes | 10 |
| 229 | permethrin | 氯菊酯 | 葡萄 | grapes | 5 |
| 230 | phenothrin | 苯醚菊酯 | 葡萄 | grapes | 0.02 |
| 231 | phenthoate | 稻丰散 | 葡萄 | grapes | 0.02 |
| 232 | phorate | 甲拌磷 | 葡萄 | grapes | 0.05 |
| 233 | phosmet | 亚胺硫磷 | 葡萄 | grapes | 10 |
| 234 | phosphamidon | 磷胺 | 葡萄 | grapes | 0.2 |
| 235 | phoxim | 辛硫磷 | 葡萄 | grapes | 0.02 |
| 236 | pindone | 杀鼠酮 | 葡萄 | grapes | 0.001 |
| 237 | piperonyl butoxide | 增效醚 | 葡萄 | grapes | 8 |
| 238 | pirimicarb | 抗蚜威 | 葡萄 | grapes | 0.5 |
| 239 | pirimiphos - methyl | 甲基虫螨磷 | 葡萄 | grapes | 1 |
| 240 | polyoxins | 多氧霉素 | 葡萄 | grapes | 0.05 |
| 241 | probenazole | 烯丙苯噻唑 | 葡萄 | grapes | 0.03 |
| 242 | prochloraz | 咪鲜胺 | 葡萄 | grapes | 0.05 |
| 243 | procymidone | 腐霉利 | 葡萄 | grapes | 5 |
| 244 | profenofos | 丙溴磷 | 葡萄 | grapes | 0.05 |
| 245 | prohexadione | 调环酸钙 | 葡萄 | grapes | 2 |
| 246 | prohydrojasmon | 茉莉酮 | 葡萄 | grapes | 0.05 |

（续）

| 序号 | 农药英文名 | 农药名称 | 日本 | | |
|---|---|---|---|---|---|
| | | | 食品名称 | 食品英文名称 | 限量（mg/kg） |
| 247 | propanil | 敌稗 | 葡萄 | grapes | 0.1 |
| 248 | propargite | 炔螨特 | 葡萄 | grapes | 7 |
| 249 | propiconazole | 丙环唑 | 葡萄 | grapes | 0.5 |
| 250 | propoxur | 残杀威 | 葡萄 | grapes | 1 |
| 251 | prothiofos | 丙硫磷 | 葡萄 | grapes | 2 |
| 252 | pyflubumide | 新颖杀螨剂 | 葡萄 | grapes | 2 |
| 253 | pyraclostrobin | 吡唑醚菌酯 | 葡萄 | grapes | 3 |
| 254 | pyraflufen – ethyl | 吡草醚 | 葡萄 | grapes | 0.02 |
| 255 | pyrazolynate | 苄草唑 | 葡萄 | grapes | 0.02 |
| 256 | pyrethrins | 除虫菊素 | 葡萄 | grapes | 1 |
| 257 | pyribencarb | 吡菌苯威 | 葡萄 | grapes | 2 |
| 258 | pyridaben | 哒螨灵 | 葡萄 | grapes | 1 |
| 259 | pyrifluquinazon | 新杀虫剂 | 葡萄 | grapes | 3 |
| 260 | pyrimethanil | 嘧霉胺 | 葡萄 | grapes | 10 |
| 261 | pyriproxyfen | 吡丙醚 | 葡萄 | grapes | 0.5 |
| 262 | quinalphos | 喹硫磷 | 葡萄 | grapes | 0.02 |
| 263 | quinoxyfen | 喹氧灵 | 葡萄 | grapes | 2 |
| 264 | quintozene | 五氯硝基苯 | 葡萄 | grapes | 0.02 |
| 265 | quizalofop – ethyl | 喹禾灵 | 葡萄 | grapes | 0.02 |
| 266 | resmethrin | 苄呋菊酯 | 葡萄 | grapes | 0.1 |
| 267 | saflufenacil | 苯嘧磺草胺 | 葡萄 | grapes | 0.03 |
| 268 | sec – butylamine | 仲丁胺 | 葡萄 | grapes | 0.1 |
| 269 | sethoxydim | 稀禾定 | 葡萄 | grapes | 1 |
| 270 | simazine | 西玛津 | 葡萄 | grapes | 0.2 |
| 271 | simeconazole | 硅氟唑 | 葡萄 | grapes | 0.2 |

（续）

| 序号 | 农药英文名 | 农药名称 | 日本 | | |
|---|---|---|---|---|---|
| | | | 食品名称 | 食品英文名称 | 限量（mg/kg） |
| 272 | spinetoram | 乙基多杀菌素 | 葡萄 | grapes | 0.5 |
| 273 | spinosad | 多杀霉素 | 葡萄 | grapes | 0.5 |
| 274 | spirodiclofen | 螺螨酯 | 葡萄 | grapes | 2 |
| 275 | spiromesifen | 螺甲螨酯 | 葡萄 | grapes | 10 |
| 276 | spirotetramat | 螺虫乙酯 | 葡萄 | grapes | 2 |
| 277 | spiroxamine | 螺环菌胺 | 葡萄 | grapes | 1 |
| 278 | sulfentrazone | 甲磺草胺 | 葡萄 | grapes | 0.05 |
| 279 | tebuconazole | 戊唑醇 | 葡萄 | grapes | 10 |
| 280 | tebufenozide | 虫酰肼 | 葡萄 | grapes | 2 |
| 281 | tebufenpyrad | 吡螨胺 | 葡萄 | grapes | 0.5 |
| 282 | tebuthiuron | 特丁噻草隆 | 葡萄 | grapes | 0.02 |
| 283 | tecnazene | 四氯硝基苯 | 葡萄 | grapes | 0.05 |
| 284 | teflubenzuron | 氟苯脲 | 葡萄 | grapes | 1 |
| 285 | tefluthrin | 七氟菊酯 | 葡萄 | grapes | 0.1 |
| 286 | tepraloxydim | 吡喃草酮 | 葡萄 | grapes | 0.05（临时限量，截至2017.3.15） |
| 287 | terbacil | 特草定 | 葡萄 | grapes | 0.1 |
| 288 | terbufos | 特丁硫磷 | 葡萄 | grapes | 0.005 |
| 289 | tetrachlorvinphos | 杀虫威 | 葡萄 | grapes | 10 |
| 290 | tetraconazole | 四氟醚唑 | 葡萄 | grapes | 0.5 |
| 291 | tetradifon | 三氯杀螨砜 | 葡萄 | grapes | 1 |
| 292 | thiabendazole | 噻菌灵 | 葡萄 | grapes | 3 |
| 293 | thiacloprid | 噻虫啉 | 葡萄 | grapes | 5 |
| 294 | thiamethoxam | 噻虫嗪 | 葡萄 | grapes | 2 |
| 295 | thiometon | 甲基乙拌磷 | 葡萄 | grapes | 0.05 |

（续）

| 序号 | 农药英文名 | 农药名称 | 日本 | | |
|---|---|---|---|---|---|
| | | | 食品名称 | 食品英文名称 | 限量（mg/kg） |
| 296 | tolclofos - methyl | 甲基立枯磷 | 葡萄 | grapes | 0.1 |
| 297 | tolylfluanid | 甲苯氟磺胺 | 葡萄 | grapes | 3 |
| 298 | triadimefon | 三唑酮 | 葡萄 | grapes | 0.5 |
| 299 | triadimenol | 三唑醇 | 葡萄 | grapes | 0.5 |
| 300 | tri - allate | 野麦畏 | 葡萄 | grapes | 0.1 |
| 301 | trichlorfon | 敌百虫 | 葡萄 | grapes | 0.5 |
| 302 | triclopyr | 三氯吡氧乙酸 | 葡萄 | grapes | 0.03 |
| 303 | tricyclazole | 三环唑 | 葡萄 | grapes | 0.02 |
| 304 | tridemorph | 十三吗啉 | 葡萄 | grapes | 0.05 |
| 305 | trifloxystrobin | 肟菌酯 | 葡萄 | grapes | 5 |
| 306 | triflumizole | 氟菌唑 | 葡萄 | grapes | 2 |
| 307 | triflumuron | 杀铃脲 | 葡萄 | grapes | 0.02 |
| 308 | trifluralin | 氟乐灵 | 葡萄 | grapes | 0.05 |
| 309 | triforine | 嗪氨灵 | 葡萄 | grapes | 2 |
| 310 | vinclozolin | 乙烯菌核利 | 葡萄 | grapes | 5 |
| 311 | warfarin | 杀鼠灵 | 葡萄 | grapes | 0.001 |
| 312 | zoxamide | 苯酰菌胺 | 葡萄 | grapes | 5 |

# 附录 8　韩国葡萄农药残留限量标准

韩国葡萄农药残留限量标准见附表 8。

**附表 8　韩国葡萄农药残留限量标准**

| 序号 | 农药英文名 | 农药名称 | 韩国 | | |
|---|---|---|---|---|---|
| | | | 食品名称 | 食品英文名称 | 限量（mg/kg） |
| 1 | 2,4 - D | 2,4 -滴 | 葡萄 | grapes | 0.5 |
| 2 | acephate | 乙酰甲胺磷 | 葡萄 | grapes | 5 |

（续）

| 序号 | 农药英文名 | 农药名称 | 韩国 | | |
|---|---|---|---|---|---|
| | | | 食品名称 | 食品英文名称 | 限量 (mg/kg) |
| 3 | acequinocyl | 灭螨醌 | 葡萄 | grapes | 0.2 |
| 4 | acetamiprid | 啶虫脒 | 葡萄 | grapes | 1 |
| 5 | acibenzolar-s-methyl | 苯并噻二唑 | 葡萄 | grapes | 2 |
| 6 | alanycarb | 棉铃威 | 其他农产品 | other agricultural products | 0.05 |
| 7 | aldicarb | 涕灭威 | 其他农产品 | other agricultural products | 0.02 |
| 8 | aldrin and dieldrin | 艾氏剂和狄氏剂 | 其他农产品 | other agricultural products | 0.01 |
| 9 | ametoctradin | 唑嘧菌胺 | 葡萄 | grapes | 5 |
| 10 | amisulbrom | 吲唑磺菌胺 | 葡萄 | grapes | 3 |
| 11 | amitraz | 双甲脒 | 其他农产品 | other agricultural products | 0.05 |
| 12 | azinphos-methyl | 保棉磷 | 葡萄 | grapes | 1 |
| 13 | azoxystrobin | 嘧菌酯 | 葡萄 | grapes | 3 |
| 14 | benalaxyl | 苯霜灵 | 其他农产品 | other agricultural products | 0.05 |
| 15 | bendiocarb | 噁虫威 | 其他农产品 | other agricultural products | 0.02 |
| 16 | benthiavalicarb-isopropyl | 苯噻菌胺酯 | 葡萄 | grapes | 0.5 |
| 17 | bifenazate | 联苯肼酯 | 葡萄 | grapes | 1 |
| 18 | bifenthrin | 联苯菊酯 | 葡萄 | grapes | 0.5 |
| 19 | bistrifluron | 双三氟虫脲 | 葡萄 | grapes | 0.5 |

（续）

| 序号 | 农药英文名 | 农药名称 | 韩国 | | |
|---|---|---|---|---|---|
| | | | 食品名称 | 食品英文名称 | 限量（mg/kg） |
| 20 | boscalid | 啶酰菌胺 | 葡萄 | grapes | 5 |
| 21 | bromopropylate | 溴螨酯 | 葡萄 | grapes | 5 |
| 22 | buprofezin | 噻嗪酮 | 葡萄 | grapes | 2 |
| 23 | cadusafos | 硫线磷 | 其他农产品 | other agricultural products | 0.01 |
| 24 | captafol | 敌菌丹 | 其他农产品 | other agricultural products | 0.02 |
| 25 | captan | 克菌丹 | 葡萄 | grapes | 5 |
| 26 | carbaryl | 甲萘威 | 葡萄 | grapes | 0.5 |
| 27 | carbendazim | 多菌灵 | 葡萄 | grapes | 3 |
| 28 | carbofuran | 克百威 | 葡萄 | grapes | 0.1 |
| 29 | carbophenothion | 三硫磷 | 其他农产品 | other agricultural products | 0.02 |
| 30 | carpropamide | 环丙酰菌胺 | 其他农产品 | other agricultural products | 0.05 |
| 31 | cartap | 杀螟丹 | 葡萄 | grapes | 1 |
| 32 | chinomethionat | 灭螨猛 | 其他农产品 | other agricultural products | 0.05 |
| 33 | chlorantraniliprole | 氯虫苯甲酰胺 | 葡萄 | grapes | 2 |
| 34 | chlorfenapyr | 虫螨腈 | 葡萄 | grapes | 2 |
| 35 | chlorfenvinphos | 毒虫畏 | 其他农产品 | other agricultural products | 0.05 |
| 36 | chlormequat | 矮壮素 | 葡萄 | grapes | 1 |
| 37 | chlorobenzilate | 乙酯杀螨醇 | 其他农产品 | other agricultural products | 0.02 |

（续）

| 序号 | 农药英文名 | 农药名称 | 韩国 | | |
|---|---|---|---|---|---|
| | | | 食品名称 | 食品英文名称 | 限量 (mg/kg) |
| 38 | chlorothalonil | 百菌清 | 葡萄 | grapes | 5 |
| 39 | chlorpropham | 氯苯胺灵 | 葡萄 | grapes | 0.05 |
| 40 | chlorpyrifos | 毒死蜱 | 葡萄 | grapes | 1 |
| 41 | chlorpyrifos - methyl | 甲基毒死蜱 | 葡萄 | grapes | 1 |
| 42 | chromafenozide | 环虫酰肼 | 其他农产品 | other agricultural products | 0.05 |
| 43 | clofentezine | 四螨嗪 | 葡萄 | grapes | 1 |
| 44 | clothianidin | 噻虫胺 | 葡萄 | grapes | 2 |
| 45 | cyazofamid | 氰霜唑 | 葡萄 | grapes | 2 |
| 46 | cyenopyrafen | 腈吡螨酯 | 葡萄 | grapes | 3 |
| 47 | cyflufenamid | 环氟菌胺 | 葡萄 | grapes | 0.5 |
| 48 | cyflumetofen | 丁氟螨酯 | 其他农产品 | other agricultural products | 0.07 |
| 49 | cyfluthrin | 氟氯氰菊酯 | 葡萄 | grapes | 1 |
| 50 | cyhalothrin | 氯氟氰菊酯 | 葡萄 | grapes | 1 |
| 51 | cyhexatin | 三环锡 | 葡萄 | grapes | 0.2 |
| 52 | cymoxanil | 霜脲氰 | 葡萄 | grapes | 0.5 |
| 53 | cypermethrin | 氯氰菊酯 | 葡萄 | grapes | 0.5 |
| 54 | cyprodinil | 嘧菌环胺 | 葡萄 | grapes | 5 |
| 55 | cyromazine | 灭蝇胺 | 其他农产品 | other agricultural products | 0.05 |
| 56 | daminozide | 丁酰肼 | 葡萄 | grapes | N.D.（检出限 0.02） |
| 57 | DBEDC | 胺磺铜 | 其他农产品 | other agricultural products | 0.05 |

（续）

| 序号 | 农药英文名 | 农药名称 | 韩国 | | |
|---|---|---|---|---|---|
| | | | 食品名称 | 食品英文名称 | 限量（mg/kg） |
| 58 | DDT | 滴滴涕 | 其他农产品 | other agricultural products | 0.05 |
| 59 | deltamethrin | 溴氰菊酯 | 其他农产品 | other agricultural products | 0.01 |
| 60 | diazinon | 二嗪磷 | 葡萄 | grapes | 0.1 |
| 61 | dichlobenil | 敌草腈 | 葡萄 | grapes | 0.15 |
| 62 | dichlofluanid | 苯氟磺胺 | 葡萄 | grapes | 15 |
| 63 | dichlorvos | 敌敌畏 | 其他农产品 | other agricultural products | 0.05 |
| 64 | dicloran | 氯硝胺 | 葡萄 | grapes | 10 |
| 65 | dicofol | 三氯杀螨醇 | 葡萄 | grapes | 1 |
| 66 | diethofencarb | 乙霉威 | 葡萄 | grapes | 2 |
| 67 | difenoconazole | 苯醚甲环唑 | 葡萄 | grapes | 1 |
| 68 | diflubenzuron | 除虫脲 | 其他农产品 | other agricultural products | 0.05 |
| 69 | dimethoate | 乐果 | 葡萄 | grapes | 1 |
| 70 | dimethomorph | 烯酰吗啉 | 葡萄 | grapes | 2 |
| 71 | diniconazole | 烯唑醇 | 其他农产品 | other agricultural products | 0.05 |
| 72 | dinotefuran | 呋虫胺 | 葡萄 | grapes | 5 |
| 73 | diphenamid | 草乃敌 | 其他农产品 | other agricultural products | 0.05 |
| 74 | disulfoton | 乙拌磷 | 其他农产品 | other agricultural products | 0.02 |
| 75 | dithianon | 二氰蒽醌 | 葡萄 | grapes | 3 |

（续）

| 序号 | 农药英文名 | 农药名称 | 韩国 | | |
|---|---|---|---|---|---|
| | | | 食品名称 | 食品英文名称 | 限量(mg/kg) |
| 76 | dithiocarbamates | 二硫代氨基甲酸酯 | 葡萄 | grapes | 5 |
| 77 | diuron | 敌草隆 | 葡萄 | grapes | 1 |
| 78 | dodine | 多果定 | 葡萄 | grapes | 5 |
| 79 | endosulfan | 硫丹 | 其他农产品 | other agricultural products | 0.05 |
| 80 | endrin | 异狄氏剂 | 其他农产品 | other agricultural products | 0.01 |
| 81 | EPN | 苯硫磷 | 其他农产品 | other agricultural products | 0.05 |
| 82 | ethaboxam | 噻唑菌胺 | 葡萄 | grapes | 3 |
| 83 | ethephon | 乙烯利 | 葡萄 | grapes | 2 |
| 84 | ethiofencarb | 乙硫苯威 | 葡萄 | grapes | 5 |
| 85 | ethion | 乙硫磷 | 其他农产品 | other agricultural products | 0.01 |
| 86 | ethoprophos | 灭线磷 | 葡萄 | grapes | 0.02 |
| 87 | ethychlozate | 吲唑酯 | 其他农产品 | other agricultural products | 0.05 |
| 88 | etofenprox | 醚菊酯 | 葡萄 | grapes | 3 |
| 89 | etoxazole | 乙螨唑 | 葡萄 | grapes | 0.5 |
| 90 | etrimfos | 乙嘧硫磷 | 其他农产品 | other agricultural products | 0.01 |
| 91 | famoxadone | 噁唑菌酮 | 葡萄 | grapes | 2 |
| 92 | fenamidone | 咪唑菌酮 | 葡萄 | grapes | 0.7 |
| 93 | fenamiphos | 苯线磷 | 葡萄 | grapes | 0.1 |

（续）

| 序号 | 农药英文名 | 农药名称 | 韩国 | | |
|---|---|---|---|---|---|
| | | | 食品名称 | 食品英文名称 | 限量(mg/kg) |
| 94 | fenarimol | 氯苯嘧啶醇 | 葡萄 | grapes | 0.3 |
| 95 | fenazaquin | 喹螨醚 | 葡萄 | grapes | 0.5 |
| 96 | fenbuconazole | 腈苯唑 | 葡萄 | grapes | 1 |
| 97 | fenbutatin oxide | 苯丁锡 | 葡萄 | grapes | 5 |
| 98 | fenhexamid | 环酰菌胺 | 葡萄 | grapes | 3 |
| 99 | fenitrothion | 杀螟硫磷 | 葡萄 | grapes | 0.5 |
| 100 | fenpyrazamine | 胺苯吡菌酮 | 葡萄 | grapes | 5 |
| 101 | fenpyroximate | 唑螨酯 | 其他农产品 | other agricultural products | 0.05 |
| 102 | fenthion | 倍硫磷 | 葡萄 | grapes | 0.2 |
| 103 | fenvalerate | 氰戊菊酯 | 葡萄 | grapes | 1 |
| 104 | ferimzone | 嘧菌腙 | 其他农产品 | other agricultural products | 0.05 |
| 105 | flonicamid | 氟啶虫酰胺 | 其他农产品 | other agricultural products | 0.1 |
| 106 | fluacrypyrim | 嘧螨酯 | 其他农产品 | other agricultural products | 0.1 |
| 107 | fluazinam | 氟啶胺 | 葡萄 | grapes | 0.05 |
| 108 | flubendiamide | 氟苯虫酰胺 | 葡萄 | grapes | 1 |
| 109 | flucythrinate | 氟氰戊菊酯 | 其他农产品 | other agricultural products | 0.05 |
| 110 | fludioxonil | 咯菌腈 | 葡萄 | grapes | 5 |
| 111 | fluopicolide | 氟吡菌胺 | 葡萄 | grapes | 0.7 |
| 112 | fluopyram | 氟吡菌酰胺 | 葡萄 | grapes | 5 |

（续）

| 序号 | 农药英文名 | 农药名称 | 韩国 | | |
|---|---|---|---|---|---|
| | | | 食品名称 | 食品英文名称 | 限量(mg/kg) |
| 113 | fluquinconazole | 氟喹唑 | 葡萄 | grapes | 1 |
| 114 | flusilazole | 氟硅唑 | 葡萄 | grapes | 0.3 |
| 115 | flutolanil | 氟酰胺 | 其他农产品 | other agricultural products | 0.05 |
| 116 | fluvalinate | 氟胺氰菊酯 | 其他农产品 | other agricultural products | 0.01 |
| 117 | fluxapyroxad | 氟唑菌酰胺 | 葡萄 | grapes | 2 |
| 118 | folpet | 灭菌丹 | 葡萄 | grapes | 5 |
| 119 | forchlorfenuron | 氯吡脲 | 葡萄 | grapes | 0.05 |
| 120 | fosetyl - aluminium | 三乙膦酸铝 | 葡萄 | grapes | 25 |
| 121 | glufosinate - ammonium | 草胺磷 | 葡萄 | grapes | 0.05 |
| 122 | glyphosate | 草甘膦 | 葡萄 | grapes | 0.2 |
| 123 | heptachlor | 七氯 | 其他农产品 | other agricultural products | 0.01 |
| 124 | hexachlorocyclohexane (hch) | 六六六(HCH) | 其他农产品 | other agricultural products | 0.01 |
| 125 | hexaconazole | 己唑醇 | 葡萄 | grapes | 0.1 |
| 126 | imibenconazole | 亚胺唑 | 葡萄 | grapes | 0.2 |
| 127 | imidacloprid | 吡虫啉 | 葡萄 | grapes | 1 |
| 128 | iminoctadine | 双胍辛胺 | 葡萄 | grapes | 0.5 |
| 129 | iprodione | 异菌脲 | 葡萄 | grapes | 10 |
| 130 | iprovalicarb | 缬霉威 | 葡萄 | grapes | 2 |
| 131 | kresoxim - methyl | 醚菌酯 | 葡萄 | grapes | 5 |

（续）

| 序号 | 农药英文名 | 农药名称 | 韩国 | | |
|---|---|---|---|---|---|
| | | | 食品名称 | 食品英文名称 | 限量(mg/kg) |
| 132 | lindane | 林丹 | 其他农产品 | other agricultural products | 0.01 |
| 133 | malathion | 马拉硫磷 | 葡萄 | grapes | 2 |
| 134 | maleic hydrazide | 抑芽丹 | 葡萄 | grapes | 40 |
| 135 | mandipropamid | 双炔酰菌胺 | 葡萄 | grapes | 5 |
| 136 | mecarbam | 灭蚜磷 | 其他农产品 | other agricultural products | 0.05 |
| 137 | mepanipyrim | 嘧菌胺 | 葡萄 | grapes | 5 |
| 138 | mepiquat chloride | 缩节胺 | 葡萄 | grapes | 0.5 |
| 139 | meptyldinocap | 硝苯菌酯 | 葡萄 | grapes | 0.1 |
| 140 | metaflumizone | 氰氟虫腙 | 其他农产品 | other agricultural products | 0.05 |
| 141 | metalaxyl | 甲霜灵 | 葡萄 | grapes | 1 |
| 142 | metaldehyde | 四聚乙醛 | 其他农产品 | other agricultural products | 0.05 |
| 143 | metconazole | 叶菌唑 | 葡萄 | grapes | 2 |
| 144 | methidathion | 杀扑磷 | 葡萄 | grapes | 0.2 |
| 145 | methomyl | 灭多威 | 葡萄 | grapes | 1 |
| 146 | methoxychlor | 甲氧滴滴涕 | 葡萄 | grapes | 14 |
| 147 | methoxyfenozide | 甲氧虫酰肼 | 葡萄 | grapes | 2 |
| 148 | methylbromide | 溴甲烷 | 其他农产品 | other agricultural products | 20 |
| 149 | metrafenone | 苯菌酮 | 其他农产品 | other agricultural products | 0.05 |
| 150 | mevinphos | 速灭磷 | 葡萄 | grapes | 0.5 |

（续）

| 序号 | 农药英文名 | 农药名称 | 韩国 | | |
|---|---|---|---|---|---|
| | | | 食品名称 | 食品英文名称 | 限量（mg/kg） |
| 151 | myclobutanil | 腈菌唑 | 葡萄 | grapes | 2 |
| 152 | norflurazon | 达草灭 | 其他农产品 | other agricultural products | 0.05 |
| 153 | ofurace | 呋酰胺 | 葡萄 | grapes | 0.3 |
| 154 | omethoate | 氧乐果 | 葡萄 | grapes | 0.01 |
| 155 | orysastrobin | 肟醚菌胺 | 其他农产品 | other agricultural products | 0.07 |
| 156 | oxadixyl | 噁霜灵 | 葡萄 | grapes | 2 |
| 157 | oxamyl | 杀线威 | 葡萄 | grapes | 0.5 |
| 158 | oxolinic acid | 喹菌酮 | 其他农产品 | other agricultural products | 0.05 |
| 159 | oxyfluorfen | 乙氧氟草醚 | 葡萄 | grapes | 0.05 |
| 160 | parathion | 对硫磷 | 葡萄 | grapes | 0.3 |
| 161 | parathion - methyl | 甲基对硫磷 | 葡萄 | grapes | 0.2 |
| 162 | penconazole | 戊菌唑 | 葡萄 | grapes | 0.5 |
| 163 | pencycuron | 戊菌隆 | 其他农产品 | other agricultural products | 0.1 |
| 164 | penthiopyrad | 吡噻菌胺 | 葡萄 | grapes | 2 |
| 165 | permethrin | 氯菊酯 | 葡萄 | grapes | 2 |
| 166 | phosalone | 伏杀硫磷 | 葡萄 | grapes | 5 |
| 167 | phosmet | 亚胺硫磷 | 其他农产品 | other agricultural products | 0.05 |
| 168 | picoxystrobin | 啶氧菌酯 | 葡萄 | grapes | 5 |
| 169 | piperonyl butoxide | 增效醚 | 其他农产品 | other agricultural products | 0.05 |

（续）

| 序号 | 农药英文名 | 农药名称 | 韩国 | | |
|---|---|---|---|---|---|
| | | | 食品名称 | 食品英文名称 | 限量（mg/kg） |
| 170 | pirimicarb | 抗蚜威 | 葡萄 | grapes | 1 |
| 171 | prochloraz | 咪鲜胺 | 葡萄 | grapes | 1 |
| 172 | procymidone | 腐霉利 | 葡萄 | grapes | 5 |
| 173 | prohexadione | 调环酸钙 | 其他农产品 | other agricultur-al products | 0.05 |
| 174 | prometryn | 扑草净 | 其他农产品 | other agricultur-al products | 0.05 |
| 175 | propamocarb | 霜霉威 | 葡萄 | grapes | 2 |
| 176 | propargite | 炔螨特 | 葡萄 | grapes | 10 |
| 177 | propiconazole | 丙环唑 | 葡萄 | grapes | 0.5 |
| 178 | propoxur | 残杀威 | 其他农产品 | other agricultur-al products | 0.05 |
| 179 | pyraclostrobin | 吡唑醚菌酯 | 葡萄 | grapes | 3 |
| 180 | pyrethrins | 除虫菊素 | 葡萄 | grapes | 1 |
| 181 | pyribencarb | 吡菌苯威 | 葡萄 | grapes | 1 |
| 182 | pyridaben | 哒螨灵 | 葡萄 | grapes | 2 |
| 183 | pyridalyl | 三氟甲吡醚 | 其他农产品 | other agricultur-al products | 0.05 |
| 184 | pyrimethanil | 嘧霉胺 | 葡萄 | grapes | 5 |
| 185 | quintozene | 五氯硝基苯 | 其他农产品 | other agricultur-al products | 0.01 |
| 186 | saflufenacil | 苯嘧磺草胺 | 葡萄 | grapes | 0.03 |
| 187 | sethoxydim | 稀禾定 | 葡萄 | grapes | 1 |
| 188 | simazine | 西玛津 | 葡萄 | grapes | 0.25 |
| 189 | simeconazole | 硅氟唑 | 葡萄 | grapes | 1 |

（续）

| 序号 | 农药英文名 | 农药名称 | 韩国 | | |
|---|---|---|---|---|---|
| | | | 食品名称 | 食品英文名称 | 限量 (mg/kg) |
| 190 | spinetoram | 乙基多杀菌素 | 葡萄 | grapes | 1 |
| 191 | spinosad | 多杀霉素 | 葡萄 | grapes | 0.5 |
| 192 | spirodiclofen | 螺螨酯 | 葡萄 | grapes | 1 |
| 193 | spiromesifen | 螺甲螨酯 | 葡萄 | grapes | 1 |
| 194 | sulfoxaflor | 氟啶虫胺腈 | 葡萄 | grapes | 1 |
| 195 | sulfur dioxide | 二氧化硫 | 葡萄 | grapes | 10 |
| 196 | tebuconazole | 戊唑醇 | 葡萄 | grapes | 2 |
| 197 | tebufenozide | 虫酰肼 | 其他农产品 | other agricultural products | 0.05 |
| 198 | tebufenpyrad | 吡螨胺 | 葡萄 | grapes | 0.5 |
| 199 | terbufos | 特丁硫磷 | 其他农产品 | other agricultural products | 0.01 |
| 200 | terbuthylazine | 特丁津 | 其他农产品 | other agricultural products | 0.05 |
| 201 | terbutryn | 去草净 | 其他农产品 | other agricultural products | 0.05 |
| 202 | tetraconazole | 四氟醚唑 | 葡萄 | grapes | 2 |
| 203 | tetradifon | 三氯杀螨砜 | 葡萄 | grapes | 2 |
| 204 | thiacloprid | 噻虫啉 | 葡萄 | grapes | 1 |
| 205 | thiamethoxam | 噻虫嗪 | 葡萄 | grapes | 1 |
| 206 | thidiazuron | 噻苯隆 | 葡萄 | grapes | 0.2 |
| 207 | thifensulfuron-methyl | 噻吩磺隆 | 其他农产品 | other agricultural products | 0.05 |
| 208 | thiometon | 甲基乙拌磷 | 其他农产品 | other agricultural products | 0.05 |

（续）

| 序号 | 农药英文名 | 农药名称 | 韩国 | | |
|---|---|---|---|---|---|
| | | | 食品名称 | 食品英文名称 | 限量 (mg/kg) |
| 209 | tolylfluanid | 甲苯氟磺胺 | 葡萄 | grapes | 2 |
| 210 | triadimefon | 三唑酮 | 葡萄 | grapes | 1 |
| 211 | triadimenol | 三唑醇 | 葡萄 | grapes | 0.5 |
| 212 | triazmate | | 其他农产品 | other agricultural products | 0.05 |
| 213 | tricyclazole | 三环唑 | 其他农产品 | other agricultural products | 0.05 |
| 214 | trifloxystrobin | 肟菌酯 | 葡萄 | grapes | 1 |
| 215 | triflumizole | 氟菌唑 | 葡萄 | grapes | 2 |
| 216 | triflumuron | 杀铃脲 | 其他农产品 | other agricultural products | 0.05 |
| 217 | trifluralin | 氟乐灵 | 葡萄 | grapes | 0.05 |
| 218 | vamidothion | 蚜灭磷 | 其他农产品 | other agricultural products | 0.05 |
| 219 | vinclozolin | 乙烯菌核利 | 葡萄 | grapes | 5 |
| 220 | zoxamide | 苯酰菌胺 | 葡萄 | grapes | 3 |

# 附录 9　中国香港特区葡萄农药残留限量标准

中国香港特区葡萄农药残留限量标准见附表 9。

**附表 9　中国香港特区葡萄农药残留限量标准**

| 序号 | 农药英文名 | 农药名称 | 中国香港特区 | | |
|---|---|---|---|---|---|
| | | | 食品名称 | 食品英文名称 | 限量 (mg/kg) |
| 1 | 2,4-D | 2,4-滴 | 浆果和其他小型水果 | berries and other small fruits | 0.1 |

（续）

| 序号 | 农药英文名 | 农药名称 | 中国香港特区 | | |
|---|---|---|---|---|---|
| | | | 食品名称 | 食品英文名称 | 限量（mg/kg） |
| 2 | abamectin | 阿维菌素 | 葡萄 | grapes | 0.02 |
| 3 | acephate | 乙酰甲胺磷 | 浆果和其他小型水果 | berries and other small fruits | 0.5 |
| 4 | acequinocyl | 灭螨醌 | 葡萄 | grapes | 1.6 |
| 5 | acetamiprid | 啶虫脒 | 浆果和其他小型水果（草莓除外） | berries and other small fruits（except strawberry) | 2 |
| 6 | aldicarb | 涕灭威 | 葡萄 | grapes | 0.2 |
| 7 | aldrin and dieldrin | 艾氏剂和狄氏剂 | 浆果和其他小型水果 | berries and other small fruits | 0.05 |
| 8 | amitrole | 杀草强 | 葡萄 | grapes | 0.05 |
| 9 | azinphos－methyl | 保棉磷 | 浆果和其他小型水果（蓝莓，蔓越莓除外） | berries and other small fruits（except blueberries and cranberry) | 1 |
| 10 | azocyclotin | 三唑锡 | 葡萄 | grapes | 0.3 |
| 11 | azoxystrobin | 嘧菌酯 | 葡萄 | grapes | 10 |
| 12 | benalaxyl | 苯霜灵 | 葡萄 | grapes | 0.5 |
| 13 | bifenthrin | 联苯菊酯 | 葡萄 | grapes | 0.2 |
| 14 | boscalid | 啶酰菌胺 | 葡萄 | grapes | 5 |
| 15 | bromide ion | 溴离子 | 浆果和其他小型水果（草莓除外） | berries and other small fruits（except strawberry) | 20 |
| 16 | bromopropylate | 溴螨酯 | 葡萄 | grapes | 2 |

（续）

| 序号 | 农药英文名 | 农药名称 | 中国香港特区 | | |
|---|---|---|---|---|---|
| | | | 食品名称 | 食品英文名称 | 限量(mg/kg) |
| 17 | buprofezin | 噻嗪酮 | 葡萄 | grapes | 1 |
| 18 | captan | 克菌丹 | 葡萄 | grapes | 25 |
| 19 | carbaryl | 甲萘威 | 葡萄 | grapes | 10 |
| 20 | carbendazim | 多菌灵 | 葡萄 | grapes | 3 |
| 21 | carbon disulfide | 二硫化碳 | 葡萄 | grapes | 0.1 |
| 22 | carbosulfan | 丁硫克百威 | 葡萄 | grapes | 0.1 |
| 23 | carfentrazone-ethyl | 唑草酮 | 浆果和其他小型水果 | berries and other small fruits | 0.1 |
| 24 | chlorantraniliprole | 氯虫苯甲酰胺 | 浆果和其他小型水果 | berries and other small fruits | 1 |
| 25 | chlordane | 氯丹 | 浆果和其他小型水果 | berries and other small fruits | 0.02 |
| 26 | chlorfenapyr | 虫螨腈 | 葡萄 | grapes | 5 |
| 27 | chlormequat | 矮壮素 | 葡萄 | grapes | 0.75 |
| 28 | chlorothalonil | 百菌清 | 葡萄 | grapes | 10 |
| 29 | chlorpyrifos | 毒死蜱 | 葡萄 | grapes | 1 |
| 30 | chlorpyrifos-methyl | 甲基毒死蜱 | 葡萄 | grapes | 1 |
| 31 | clofentezine | 四螨嗪 | 葡萄 | grapes | 2 |
| 32 | clothianidin | 噻虫胺 | 葡萄 | grapes | 0.7 |
| 33 | cryolite | 氟铝酸钠 | 葡萄 | grapes | 7 |
| 34 | cyfluthrin | 氟氯氰菊酯 | 葡萄 | grapes | 1 |
| 35 | cyhalothrin | 氯氟氰菊酯 | 葡萄 | grapes | 0.7 |
| 36 | cyhexatin | 三环锡 | 葡萄 | grapes | 0.3 |
| 37 | cymoxanil | 霜脲氰 | 葡萄 | grapes | 1 |
| 38 | cypermethrin | 氯氰菊酯 | 葡萄 | grapes | 0.2 |

（续）

| 序号 | 农药英文名 | 农药名称 | 中国香港特区 | | |
|---|---|---|---|---|---|
| | | | 食品名称 | 食品英文名称 | 限量 (mg/kg) |
| 39 | cyproconazole | 环丙唑醇 | 葡萄 | grapes | 5 |
| 40 | DDT | 滴滴涕 | 浆果和其他小型水果 | berries and other small fruits | 0.05 |
| 41 | deltamethrin | 溴氰菊酯 | 葡萄 | grapes | 0.2 |
| 42 | dichlobenil | 敌草腈 | 葡萄 | grapes | 0.15 |
| 43 | dichlofluanid | 苯氟磺胺 | 葡萄 | grapes | 15 |
| 44 | dichlorvos | 敌敌畏 | 浆果和其他小型水果 | berries and other small fruits | 0.2 |
| 45 | dicloran | 氯硝胺 | 葡萄 | grapes | 7 |
| 46 | difenoconazole | 苯醚甲环唑 | 葡萄 | grapes | 4 |
| 47 | dimethomorph | 烯酰吗啉 | 葡萄 | grapes | 5 |
| 48 | dinotefuran | 呋虫胺 | 葡萄 | grapes | 0.9 |
| 49 | dithianon | 二氰蒽醌 | 葡萄 | grapes | 3 |
| 50 | dithiocarbamates | 二硫代氨基甲酸酯 | 葡萄 | grapes | 10 |
| 51 | diuron | 敌草隆 | 葡萄 | grapes | 0.05 |
| 52 | endosulfan | 硫丹 | 葡萄 | grapes | 2 |
| 53 | endrin | 异狄氏剂 | 浆果和其他小型水果 | berries and other small fruits | 0.01 |
| 54 | esfenval erate | 顺式氰戊菊酯 | 浆果和其他小型水果 | berries and other small fruits | 0.2 |
| 55 | ethephon | 乙烯利 | 葡萄 | grapes | 1 |
| 56 | etofenprox | 醚菊酯 | 葡萄 | grapes | 4 |
| 57 | etoxazole | 乙螨唑 | 葡萄 | grapes | 0.5 |
| 58 | famoxadone | 噁唑菌酮 | 葡萄 | grapes | 2 |

（续）

| 序号 | 农药英文名 | 农药名称 | 中国香港特区 | | |
|---|---|---|---|---|---|
| | | | 食品名称 | 食品英文名称 | 限量(mg/kg) |
| 59 | fenamidone | 咪唑菌酮 | 葡萄 | grapes | 1 |
| 60 | fenarimol | 氯苯嘧啶醇 | 葡萄 | grapes | 0.3 |
| 61 | fenbuconazole | 腈苯唑 | 葡萄 | grapes | 1 |
| 62 | fenbutatin oxide | 苯丁锡 | 葡萄 | grapes | 5 |
| 63 | fenhexamid | 环酰菌胺 | 葡萄 | grapes | 15 |
| 64 | fenitrothion | 杀螟硫磷 | 浆果和其他小型水果 | berries and other small fruits | 0.5 |
| 65 | fenpropathrin | 甲氰菊酯 | 浆果和其他小型水果 | berries and other small fruits | 5 |
| 66 | fenpyroximate | 唑螨酯 | 葡萄 | grapes | 0.1 |
| 67 | fenthion | 倍硫磷 | 浆果和其他小型水果 | berries and other small fruits | 0.05 |
| 68 | fenvalerate | 氰戊菊酯 | 浆果和其他小型水果 | berries and other small fruits | 0.2 |
| 69 | fluazinam | 氟啶胺 | 葡萄 | grapes | 0.5 |
| 70 | flubendiamide | 氟苯虫酰胺 | 葡萄 | grapes | 2 |
| 71 | fludioxonil | 咯菌腈 | 葡萄 | grapes | 5 |
| 72 | flumioxazin | 丙炔氟草胺 | 葡萄 | grapes | 0.02 |
| 73 | fluopicolide | 氟吡菌胺 | 葡萄 | grapes | 2 |
| 74 | fluopyram | 氟吡菌酰胺 | 葡萄 | grapes | 2 |
| 75 | fluridone | 氟啶草酮 | 葡萄 | grapes | 0.1 |
| 76 | flusilazole | 氟硅唑 | 葡萄 | grapes | 0.5 |
| 77 | flutriafol | 粉唑醇 | 葡萄 | grapes | 0.8 |
| 78 | folpet | 灭菌丹 | 葡萄 | grapes | 10 |
| 79 | forchlorfenuron | 氯吡脲 | 葡萄 | grapes | 0.05 |

（续）

| 序号 | 农药英文名 | 农药名称 | 中国香港特区 | | |
|---|---|---|---|---|---|
| | | | 食品名称 | 食品英文名称 | 限量 (mg/kg) |
| 80 | glufosinate - ammonium | 草胺磷 | 葡萄 | grapes | 0.15 |
| 81 | glyphosate | 草甘膦 | 浆果和其他小型水果 | berries and other small fruits | 0.2 |
| 82 | haloxyfop | 氟吡甲禾灵 | 葡萄 | grapes | 0.02 |
| 83 | heptachlor | 七氯 | 浆果和其他小型水果 | berries and other small fruits | 0.01 |
| 84 | hexachlorocyclohexane (hch) | 六六六(HCH) | 浆果和其他小型水果 | berries and other small fruits | 0.05 |
| 85 | hexythiazox | 噻螨酮 | 葡萄 | grapes | 1 |
| 86 | hydrogen phosphide | 磷化氢 | 葡萄 | grapes | 0.01 |
| 87 | indoxacarb | 茚虫威 | 葡萄 | grapes | 2 |
| 88 | iprodione | 异菌脲 | 葡萄 | grapes | 20 |
| 89 | isoxaben | 异噁草胺 | 葡萄 | grapes | 0.01 |
| 90 | kresoxim - methyl | 醚菌酯 | 葡萄 | grapes | 1 |
| 91 | malathion | 马拉硫磷 | 葡萄 | grapes | 8 |
| 92 | mandipropamid | 双炔酰菌胺 | 葡萄 | grapes | 3 |
| 93 | mepiquat chloride | 缩节胺 | 葡萄 | grapes | 1 |
| 94 | meptyldinocap | 硝苯菌酯 | 葡萄 | grapes | 0.2 |
| 95 | mesotrione | 硝磺草酮 | 浆果和其他小型水果（蔓越莓除外） | berries and other small fruits (except cranberry) | 0.01 |
| 96 | metalaxyl | 甲霜灵 | 葡萄 | grapes | 1 |
| 97 | metaldehyde | 四聚乙醛 | 浆果和其他小型水果（草莓除外） | berries and other small fruits (except strawberry) | 0.15 |

（续）

| 序号 | 农药英文名 | 农药名称 | 中国香港特区 | | |
|---|---|---|---|---|---|
| | | | 食品名称 | 食品英文名称 | 限量（mg/kg） |
| 98 | methidathion | 杀扑磷 | 葡萄 | grapes | 0.2 |
| 99 | methoxyfenozide | 甲氧虫酰肼 | 葡萄 | grapes | 2 |
| 100 | metrafenone | 苯菌酮 | 葡萄 | grapes | 4.5 |
| 101 | mevinphos | 速灭磷 | 葡萄 | grapes | 0.5 |
| 102 | myclobutanil | 腈菌唑 | 葡萄 | grapes | 1 |
| 103 | naled | 二溴磷 | 葡萄 | grapes | 0.5 |
| 104 | napropamide | 敌草胺 | 浆果和其他小型水果 | berries and other small fruits | 0.1 |
| 105 | norflurazon | 达草灭 | 葡萄 | grapes | 0.1 |
| 106 | oryzalin | 氨磺乐灵 | 浆果和其他小型水果 | berries and other small fruits | 0.05 |
| 107 | oxyfluorfen | 乙氧氟草醚 | 葡萄 | grapes | 0.05 |
| 108 | paraquat | 百草枯 | 浆果和其他小型水果 | berries and other small fruits | 0.01 |
| 109 | parathion | 对硫磷 | 浆果和其他小型水果 | berries and other small fruits | 0.01 |
| 110 | parathion - methyl | 甲基对硫磷 | 葡萄 | grapes | 0.5 |
| 111 | penconazole | 戊菌唑 | 葡萄 | grapes | 0.2 |
| 112 | penoxsulam | 五氟磺草胺 | 葡萄 | grapes | 0.01 |
| 113 | permethrin | 氯菊酯 | 浆果和其他小型水果 | berries and other small fruits | 2 |
| 114 | phosmet | 亚胺硫磷 | 葡萄 | grapes | 10 |
| 115 | phoxim | 辛硫磷 | 浆果和其他小型水果 | berries and other small fruits | 0.05 |
| 116 | piperonyl butoxide | 增效醚 | 葡萄 | grapes | 8 |

（续）

| 序号 | 农药英文名 | 农药名称 | 中国香港特区 | | |
|---|---|---|---|---|---|
| | | | 食品名称 | 食品英文名称 | 限量(mg/kg) |
| 117 | procymidone | 腐霉利 | 葡萄 | grapes | 5 |
| 118 | profenofos | 丙溴磷 | 葡萄 | grapes | 0.05 |
| 119 | propargite | 炔螨特 | 葡萄 | grapes | 7 |
| 120 | propyzamide | 炔苯酰草胺 | 葡萄 | grapes | 0.1 |
| 121 | pyraclostrobin | 吡唑醚菌酯 | 葡萄 | grapes | 2 |
| 122 | pyrethrins | 除虫菊素 | 葡萄 | grapes | 1 |
| 123 | pyridaben | 哒螨灵 | 葡萄 | grapes | 5 |
| 124 | pyrimethanil | 嘧霉胺 | 葡萄 | grapes | 4 |
| 125 | pyriproxyfen | 吡丙醚 | 葡萄 | grapes | 2.5 |
| 126 | quinoxyfen | 喹氧灵 | 葡萄 | grapes | 2 |
| 127 | rimsulfuron | 砜嘧磺隆 | 葡萄 | grapes | 0.01 |
| 128 | saflufenacil | 苯嘧磺草胺 | 葡萄 | grapes | 0.01 |
| 129 | simazine | 西玛津 | 葡萄 | grapes | 0.2 |
| 130 | spinetoram | 乙基多杀菌素 | 葡萄 | grapes | 0.3 |
| 131 | spinosad | 多杀霉素 | 葡萄 | grapes | 0.5 |
| 132 | spirodiclofen | 螺螨酯 | 葡萄 | grapes | 2 |
| 133 | spirotetramat | 螺虫乙酯 | 葡萄 | grapes | 2 |
| 134 | spiroxamine | 螺环菌胺 | 葡萄 | grapes | 2 |
| 135 | sulfur dioxide | 二氧化硫 | 葡萄 | grapes | 50 |
| 136 | tebuconazole | 戊唑醇 | 葡萄 | grapes | 6 |
| 137 | tebufenozide | 虫酰肼 | 葡萄 | grapes | 2 |
| 138 | tetraconazole | 四氟醚唑 | 葡萄 | grapes | 0.5 |
| 139 | thiacloprid | 噻虫啉 | 浆果和其他小型水果 | berries and other small fruits | 1 |
| 140 | thiamethoxam | 噻虫嗪 | 葡萄 | grapes | 2 |

（续）

| 序号 | 农药英文名 | 农药名称 | 中国香港特区 | | |
|---|---|---|---|---|---|
| | | | 食品名称 | 食品英文名称 | 限量（mg/kg） |
| 141 | tolylfluanid | 甲苯氟磺胺 | 葡萄 | grapes | 3 |
| 142 | triadimefon | 三唑酮 | 葡萄 | grapes | 1 |
| 143 | triazophos | 三唑磷 | 葡萄 | grapes | 0.02 |
| 144 | trichlorfon | 敌百虫 | 浆果和其他小型水果 | berries and other small fruits | 0.2 |
| 145 | trifloxystrobin | 肟菌酯 | 葡萄 | grapes | 3 |
| 146 | triflumizole | 氟菌唑 | 葡萄 | grapes | 2.5 |
| 147 | trifluralin | 氟乐灵 | 葡萄 | grapes | 0.05 |
| 148 | zoxamide | 苯酰菌胺 | 葡萄 | grapes | 5 |

# 附录 10　中国香港特区豁免物质清单

中国香港特区豁免物质清单见附表 10。

**附表 10　中国香港特区豁免物质清单**

| 序号 | 农药名称 | 英文名称 | 类别 |
|---|---|---|---|
| 1 | 碳酸氢铵、碳酸氢钾、碳酸氢钠 | ammonium/potassium/sodium salts ofbicarbonate | 无机 |
| 2 | 碳酸钙、碳酸钠 | calcium/sodium salts ofcarbonate | |
| 3 | 氧化钙 | calcium oxide | |
| 4 | 硫酸铁 | ferric phosphate/Iron（111）phosphate | |
| 5 | 石硫合剂 | lime sulphur（calcium polysulphide） | |
| 6 | 磷酸二氢钾 | potassium dihydrogen phosphate | |
| 7 | 三碘化钾 | potassium tri－iodide | |
| 8 | 硅酸钠铝 | sodium aluminum silicate | |
| 9 | 次氯酸钠 | sodium hypochlorite | |

（续）

| 序号 | 农药名称 | 英文名称 | 类别 |
| --- | --- | --- | --- |
| 10 | 硫黄 | sulphur | |
| 11 | 腐胺、1，4－二氨基丁烷 | 1,4 - diaminobutane | 有机 |
| 12 | 6－苄基腺嘌呤 | 6 - benzyladenine | |
| 13 | 苯乙酮 | acetophenone | |
| 14 | 乙酸铵 | ammonium acetate | |
| 15 | 脂肪酸 c7－c20 | fatty acid C7 - C20 | |
| 16 | 脂肪醇 | fatty alcohols/aliphatic alcohols | |
| 17 | γ－氨基丁酸 | gamma aminobutyric acid | |
| 18 | 吲哚乙酸 | indole - 3 - butryic acid | |
| 19 | 乙二胺四乙酸铁络合物 | iron - EDTA complex | |
| 20 | 乳酸 | lactic acid | |
| 21 | 溶血磷脂酰乙醇胺 | lysophosphatid37lethanolamine | |
| 22 | 邻氨基苯甲酸甲酯 | methyl anthranilate | |
| 23 | 甲基壬基酮 | methyl nonyl ketone | |
| 24 | 矿物油 | minelal oil | |
| 25 | 磷酸氢钾和磷酸二氢钾 | monocarbamide dihydrogen sulphate (urea sulphate) | |
| 26 | 过氧乙酸 | peracetic acid | |
| 27 | Ⅳ－乙酰.D.氨基葡萄糖 | poly - N - acetyl - D - glucosamine | |
| 28 | 水解蛋白 | protein hydrolysate | |
| 29 | 鼠李糖脂生物表面活性剂 | rhamnolipid biosurfactant | |
| 30 | 邻－硝基苯酚钠、对－硝基苯酚钠、邻－硝基苯酚钾和对－硝基苯酚钾 | sodium and potassium salts ofo - rtitrophenolate andp - nitrophenolate | |

（续）

| 序号 | 农药名称 | 英文名称 | 类别 |
|---|---|---|---|
| 31 | 山梨糖醇 | sorbitol octanoate | |
| 32 | 糖辛烷酯 | sucrose octanoate esters | |
| 33 | 三甲胺盐酸盐 | laminehydrochloride | |
| 34 | 酵母菌水解提取物 | yeast extract hydrolysate from saccharomyces cerevisiae | |
| 35 | (E) -8-十二碳烯醇基乙酸酯 | (E) -8-Dodecenyl acetate | 昆虫信息素 |
| 36 | (E,E) 8,10-十二碳二烯-1-醇 | (E,E) 8,10-Dodecadien-l-ol | |
| 37 | (z) -8-十二碳烯醇 | (Z) -8-Dodecenol | |
| 38 | 8-十二烯基乙酸酯 | (z) -8-Dodecenyl acetate | |
| 39 | (E) -11-十四烯酯 | E-1l-tetradecen-1-yl-acetate | |
| 40 | 橙花叔醇 | nerolid01 | |
| 41 | 赤杨树皮 | alder bark | |
| 42 | 辣椒素 | capsaicin | |
| 43 | 肉桂醛 | cinnamaldehyde | |
| 44 | 丁香油 | clove oil | |
| 45 | 细胞分裂素 | cytokinins | |
| 46 | 茶树提取物 | extract from tea tree | |
| 47 | 土荆芥提取物 | extract from Chenopodium ambrosioides near ambrosioides | |
| 48 | 大蒜提取物 | garlic extract | |
| 49 | 香叶醇 | geraniol | |
| 50 | 大豆卵磷脂 | lecithins，soya | |
| 51 | 印楝油 | neem oil | |
| 52 | 植物提取物（仙人掌得克萨斯仙人球/西班牙栎/香漆/美国红树） | plant extract derived from Opuntia lindheimeri，Quercus falcata，Rhus aromatica and Rhizophoria mangle | |

（续）

| 序号 | 农药名称 | 英文名称 | 类别 |
| --- | --- | --- | --- |
| 53 | 皂皮树提取物-皂苷 | extract from Quillaja saponaria (saponins) | |
| 54 | 鱼藤酮 | rotenone | |
| 55 | 海草提取物 | seaweed extracts | |
| 56 | 松油、妥尔油 | tall oil | |
| 57 | 蜡质芽孢杆菌 BP01 菌株 | bacillus cereus strain BPOl | 微生物细菌 |
| 58 | 短小芽孢杆菌 QST 2808 菌株 | bacilluspumilus strain QST 2808 | |
| 59 | 枯草芽孢杆菌 GB03、MBI 600 和 QST713 菌株 | bacillus subtilis GB03, MBI 600 and QST 713 | |
| 60 | 苏云金芽孢杆菌 | bacillus thuringiensis | |
| 61 | 绿叶假单胞菌 63 - 28 和 MA342 菌株 | pseudomonas chlororaphis strains 63—28 and MA 342 | |
| 62 | 利迪链霉菌 WYEC 108 菌株 | streptomyces lydieus strain WYEC 108 | |
| 63 | 损毁链格孢菌 059 菌株 | alternaria destruens strain 059 | 微生物真菌 |
| 64 | 白粉寄生菌 M10 和 AQ10 菌株 | ampelomyces quisqualis isolate M10 and strain AQ10 | |
| 65 | 球孢白僵菌 GHA 菌株 | beauveria bassiana strain GHA | |
| 66 | 盾壳霉 CON/M/91 - 08 菌株 | coniothyrium minitans strain CON/M/91 - 08 | |
| 67 | 链孢黏帚霉 J1446 菌株 | gliocladium catenulatum strain J1446 | |
| 68 | 白黏帚菌 QST 20799 菌株及其脱水的挥发物 | muscodor albus strain QST 20799 and the volafiles produced on relaydrafion | |
| 69 | 玫烟色拟青霉菌/玫烟色棒束孢 97 菌株 | paecilomyces fumosoroseus Apopka strain 97 | |

（续）

| 序号 | 农药名称 | 英文名称 | 类别 |
|---|---|---|---|
| 70 | 淡紫拟青霉菌 251 菌株 | paecilomyces lilacinus strain 251 | |
| 71 | 担子菌纲真菌 PF - A22 uL 菌株 | pseudozyma flocculosa strain PF - A22 UL | |
| 72 | 寡雄腐霉菌 DV74 菌株 | pythium oligandrum strain DV 74 | |
| 73 | 棘孢木霉菌 ICC012 菌株 | trichoderma asperellum strain ICC 012 | |
| 74 | 盖姆斯木霉菌 ICC 080 菌株 | trichoderma gamsii strain ICC 080 | |
| 75 | 哈茨木霉菌 T - 22 和 T -39 菌株 | trichoderma harzianum rifai strains T - 22 and T - 39 | |
| 76 | 蝗虫微孢子虫 | nosema locustae | 原生动物 |
| 77 | 芹菜夜蛾包涵体核型多角体病毒 | inclusion bodies of the multi - nuclear polyhedrosis virus of Anagrapha falcifera | 微生物病毒 |
| 78 | 印度谷螟病毒 | Indian meal moth granulosis virus | |
| 79 | 苹果蠹蛾颗粒体病毒包涵体 | occlusion bodies of the granulosis virus of Cydia pomonella | |
| 80 | 甜菜夜蛾核型多角体病毒 | spodoptera exigua nuclear polyhedrosis virus | |

## 附录 11　中国台湾省葡萄农药残留限量标准

中国台湾省葡萄农药残留限量标准见附表 11。

**附表 11　中国台湾省葡萄农药残留限量标准**

| 序号 | 农药英文名 | 农药名称 | 中国台湾省 | | |
|---|---|---|---|---|---|
| | | | 食品名称 | 食品英文名称 | 限量（mg/kg） |
| 1 | acrinathrin | 氟丙菊酯 | 葡萄 | grapes | 2 |
| 2 | alanycarb | 棉铃威 | 葡萄 | grapes | 1 |
| 3 | amisulbrom | 吲唑磺菌胺 | 葡萄 | grapes | 5 |
| 4 | bifenazate | 联苯肼酯 | 葡萄 | grapes | 1 |

（续）

| 序号 | 农药英文名 | 农药名称 | 中国台湾省 | | |
|---|---|---|---|---|---|
| | | | 食品名称 | 食品英文名称 | 限量(mg/kg) |
| 5 | boscalid | 啶酰菌胺 | 葡萄 | grapes | 1 |
| 6 | bromopropylate | 溴螨酯 | 葡萄 | grapes | 2 |
| 7 | buprofezin | 噻嗪酮 | 葡萄 | grapes | 0.5 |
| 8 | captan | 克菌丹 | 葡萄 | grapes | 25 |
| 9 | carbendazim | 多菌灵 | 其他小浆果类（草莓及葡萄除外） | other small berries (except strawberries and grapes) | 2 |
| 10 | chlorfenapyr | 虫螨腈 | 葡萄 | grapes | 0.5 |
| 11 | chlorpyrifos－methyl | 甲基毒死蜱 | 葡萄 | grapes | 1 |
| 12 | clofentezine | 四螨嗪 | 葡萄 | grapes | 2 |
| 13 | cryolite | 氟铝酸钠 | 葡萄 | grapes | 7 |
| 14 | cyazofamid | 氰霜唑 | 葡萄 | grapes | 1 |
| 15 | cycloxydim | 噻草酮 | 葡萄 | grapes | 0.3 |
| 16 | cyflufenamid | 环氟菌胺 | 葡萄 | grapes | 0.2 |
| 17 | cyflumetofen | 丁氟螨酯 | 葡萄 | grapes | 1 |
| 18 | dicloran | 氯硝胺 | 葡萄 | grapes | 7 |
| 19 | dimethomorph | 烯酰吗啉 | 葡萄 | grapes | 3 |
| 20 | diniconazole | 烯唑醇 | 葡萄 | grapes | 0.5 |
| 21 | dithianon | 二氰蒽醌 | 葡萄 | grapes | 0.2 |
| 22 | diuron | 敌草隆 | 葡萄 | grapes | 0.05 |
| 23 | endosulfan | 硫丹 | 葡萄 | grapes | 0.4 |
| 24 | etofenprox | 醚菊酯 | 葡萄 | grapes | 4 |
| 25 | fenbutatin oxide | 苯丁锡 | 葡萄 | grapes | 5 |
| 26 | fenhexamid | 环酰菌胺 | 葡萄 | grapes | 4 |
| 27 | fenitrothion | 杀螟硫磷 | 葡萄 | grapes | 0.2 |
| 28 | fenpyrazamine | 胺苯吡菌酮 | 葡萄 | grapes | 3 |
| 29 | flazasulfuron | 嘧啶磺隆 | 葡萄 | grapes | 0.2 |

（续）

| 序号 | 农药英文名 | 农药名称 | 中国台湾省 | | |
|---|---|---|---|---|---|
| | | | 食品名称 | 食品英文名称 | 限量 (mg/kg) |
| 30 | flubendiamide | 氟苯虫酰胺 | 葡萄 | grapes | 2 |
| 31 | fluopyram | 氟吡菌酰胺 | 葡萄 | grapes | 2 |
| 32 | flupyradifurone | 氟吡呋喃酮 | 葡萄 | grapes | 3 |
| 33 | flutriafol | 粉唑醇 | 葡萄 | grapes | 0.2 |
| 34 | formetanate | 伐虫脒 | 葡萄 | grapes | 0.4 |
| 35 | iprovalicarb | 缬霉威 | 葡萄 | grapes | 2 |
| 36 | malathion | 马拉硫磷 | 葡萄 | grapes | 5 |
| 37 | mandipropamid | 双炔酰菌胺 | 葡萄 | grapes | 1 |
| 38 | mepanipyrim | 嘧菌胺 | 葡萄 | grapes | 3 |
| 39 | methoxyfenozide | 甲氧虫酰肼 | 葡萄 | grapes | 1 |
| 40 | metrafenone | 苯菌酮 | 葡萄 | grapes | 2 |
| 41 | myclobutanil | 腈菌唑 | 葡萄 | grapes | 1 |
| 42 | norflurazon | 达草灭 | 葡萄 | grapes | 0.1 |
| 43 | paraquat | 百草枯 | 葡萄 | grapes | 0.01 |
| 44 | parathion - methyl | 甲基对硫磷 | 葡萄 | grapes | 0.5 |
| 45 | quinoxyfen | 喹氧灵 | 葡萄 | grapes | 2 |
| 46 | saflufenacil | 苯嘧磺草胺 | 葡萄 | grapes | 0.01 |
| 47 | simazine | 西玛津 | 葡萄 | grapes | 0.2 |
| 48 | spirodiclofen | 螺螨酯 | 葡萄 | grapes | 2 |
| 49 | tebuconazole | 戊唑醇 | 葡萄 | grapes | 2 |
| 50 | tebufenozide | 虫酰肼 | 葡萄 | grapes | 2 |
| 51 | tebufenpyrad | 吡螨胺 | 葡萄 | grapes | 0.5 |
| 52 | tolylfluanid | 甲苯氟磺胺 | 葡萄 | grapes | 3 |
| 53 | trifluralin | 氟乐灵 | 葡萄 | grapes | 0.05 |
| 54 | zoxamide | 苯酰菌胺 | 葡萄 | grapes | 3 |

# 主 要 参 考 文 献

刘凤之，2017. 中国葡萄栽培现状与发展趋势［J］. 落叶果树，49（01）：1－4.

王海波，刘凤之，王孝娣，等，2013. 2013年我国葡萄产量与售价预测［J］. 果树实用技术与信息（06）：8.

王强，2016. 鲜活农产品流通渠道建设研究［J］. 农业经济（02）：138－139.

王强，2017. 大棚蔬菜-水稻轮作土壤养分转化和迁移特征［D］. 杭州：浙江大学.

**图书在版编目（CIP）数据**

国内外葡萄质量安全限量标准比对研究 / 孙彩霞，王强主编．—北京：中国农业出版社，2019.3

ISBN 978 - 7 - 109 - 24979 - 0

Ⅰ.①国…　Ⅱ.①孙… ②王…　Ⅲ.①葡萄-质量标准-对比研究-世界　Ⅳ.①F316.5

中国版本图书馆 CIP 数据核字（2018）第 279881 号

中国农业出版社出版
（北京市朝阳区麦子店街 18 号楼）
（邮政编码 100125）
策划编辑　刘　伟　杨晓改
文字编辑　耿韶磊

---

中国农业出版社印刷厂印刷　　新华书店北京发行所发行
2019 年 3 月第 1 版　　2019 年 3 月北京第 1 次印刷

---

开本：880mm×1230mm　1/32　　印张：6.25
字数：200 千字
定价：29.80 元